スイングが劇的に変わる！

カラダを整えるだけで飛距離アップ！＆スコアアップ！

コアトレゴルフ

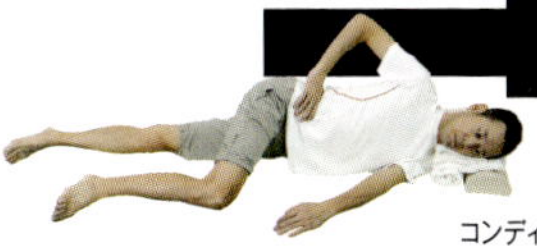

コンディショニングトレーナー　プロゴルファー
有吉与志恵／濱田 塁 共著

はじめに

「ゴルフの上手な方は、足の裏がきれいなんですよ」

ゴルフ月刊誌『ワッグル』の編集部のスタッフに、こんなお話をさせていただいたことが、この本を書くきっかけになりました。

私の生業はコンディショニングトレーナーです。都内にある5つのジムでアスリートやスポーツ愛好家のみなさんたちのカラダを〝整えて〟います。ゴルファーの方には必ずハンディキャップや平均スコアをお聞きしますが、上手な方は総じて足の裏がきれいです（47ページで解説しています）。

ゴルフは、年を重ねても長く続けることのできるスポーツの代表です。健康づくりの一環として続けられている方もたくさんいらっしゃいます。しかしその反面、「肩が上がらなくなって」「腰が痛くて」「ラウンド中に脚がつるようになって」とゴルフを断念せざるをえない方もいらっしゃいます。

そんな方たちから「長くゴルフを続けるには、どんなカラダづくりをすればいいんでしょう？」と聞かれることも多く、そんなときは必ず「カラダを整えましょう」と私はお答えするようにしています。

そうすると、必ず聞き返されるのです。

「鍛えるんじゃないの？？？」

いえいえ、鍛える前にやることがあるのです。

ゴルフのスイングは、筋肉の活動によって成り立っています。『コンディショニング』という手法は、筋肉を使いやすい状態にする方法です。筋肉を使いっぱなしにしたり、仕事などで同じ姿勢をずっと続けたりしていると、筋肉が硬くなりコリを感じる状態になります。これが高じるとカラダが次第にゆがんできます。そのゆがみが故障の原因になったり、痛みを発生させたりします。痛みが出ているカラダでゴルフを続けている方がいらっしゃいますが、それは自殺行為です！

そんな大げさな、とお思いかもしれませんが、カラダのゆがみは関節の変形へと進行し、転びやすくなったり寝たきりになったりする最大の要因となります。これは高齢化が進むわが国の大きな問題のひとつなんです。

「ゴルフスイングは一方通行の動きなので、カラダがかたよってゆがみやすい」と一緒にお仕事をした濱田塁プロはおっしゃいます。ですから、ゴルファーのみなさんにはゆがみを解消し、姿勢を正しい状態にするコンディショニングが必要なのです。

コンディショニングは、まず『リセットコンディショニング』で筋肉に弾力を取り戻し、続いて『アクティブコンディショニング』で使えていない筋肉を呼吸とともに使えるようにトレーニングしていきます。整えるのがスイングづくりの根幹となるカラダのコアの部分であることから『コアトレゴルフ』と名づけました。

コアトレゴルフはカラダのゆがみを正し、本来の姿勢や動きを取り戻します。驚くほど簡単な方法で、長くゴルフを続けられるカラダになるのです。

コンディショニングトレーナー
有吉与志恵

コアトレは誰でもカンタンにできる動き。ルールは「脱力」「小さな働き」「呼吸」「フォーム」「イメージ」の5つだけ。とくにカラダのコア（深層部にある筋肉）を「整える」ことで、スイングは自然に正しくなり、長くゴルフを続けられるようになる

上手に動けないのは、あなたがヘタだからではありません！

ゴルフ練習場に行くと、プロについて練習している生徒さんが指示されたカラダの動きができず、悩んでいる姿が印象的でした。

理論的に教えられているのですが、それを実際の動きとしてイメージすることができず、どうしてもへんてこりんなフォームになります。ビデオなどを見せられて、「ヒジを高く」「頭を動かさないで」「ヒザの位置は……」などと言われても、やはりできません。そればかりか、いままでのスイングも乱れてしまい、「打ち方がわからなくなった」と嘆いている方が多くいました。結局、生徒さんは長続きせず、プロも「どうすれば改善できるんだ」と行き詰ってしまう。こんなケースが少なくないようです。

結論から言いましょう。

「いくら続けても、そのフォームは直せません」

生徒さんたちには、総じて骨格のゆがみが見られました。筋肉は脳からの指令を受けて動きます。しかし、骨格のゆがみは脳からのアウトプットを受け取る力を低下させます。ゆがんだカラダのままでは脳の命令をしっかり受け取ることができず、いくら練習しても効果が上がらないのは当然のことなのです。

上達したければ、ゆがんだままのカラダで何球も打たないで！

練習場では、大量のボールをひたすら打っている方を大勢見ました。「ゴルフの練習はボールを何球打ったかで決まる」と言っていた男性の言葉が印象的でした。

でも、その精神がみなさんの上達を邪魔しています。そこには「正しいフォームで」という言葉が抜けているからです。

ゆがんだままのカラダで多くのボールを打つ行為は、ゆがみをさらにひどいものにし、ときには慢性痛などの故障も引き起こします。いくらたくさんボールを打っても、ゆがんだままの状態ではスポーツ障害の要因は増すばかりなのです。

上達に必要なのは、まずカラダからゆがみを取り去ることです。『コアトレゴルフ』は短時間で手軽にできる方法でカラダのゆがみを整え、脳からの指令をきちんと受け取れるカラダをつくります。なんだか信じられないと思う方もいるかもしれませんが、効果はすぐに、誰にでもあらわれるはずです。

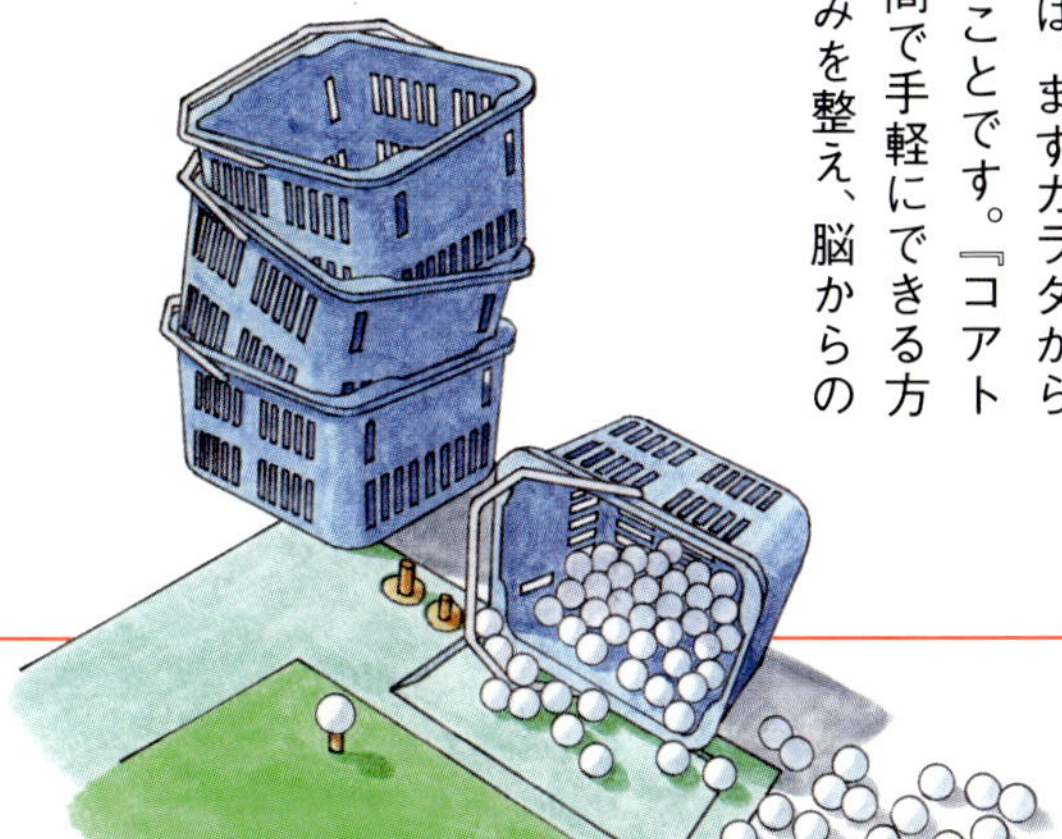

「ゆがんだままのカラダ」でボールをたくさん打つのは、上達につながらないばかりか、カラダのゆがみを助長することにもなりかねない

カラダを整えるだけで、あなたのゴルフは必ず上達します！

　とはいえ、この本の取材は、私にとっては過酷なものでした（笑）。練習場で何人ものアマチュアのみなさんの連続写真を撮り、ヘッドスピードや飛距離を計測します。そして一人ひとりの骨格を分析し、コンディショニングを処方、実施するのです。

　その後、もう一度連続写真を撮り、ヘッドスピードや飛距離を計測することで、ウソのないデータを取得できます。私にとってはコンディショニングが効果的かどうかの結果を突きつけられるわけです。

　私のジムに通うトップアスリートたちは、みな感度のよいカラダをしていますから、コアトレ後は期待どおりの結果を得ることができていました。でも、お仕事関係などで日常的にトレーニングをしたり、カラダを動かしたりする機会が少ないアマチュアゴルファーのみなさんは、まったくの未知数です。私はプロフェッショナル生命をかけて取材に臨みました（笑）。

　はたして結果は……？

　第4章のケーススタディ（83ページ〜）をご覧いただければわかるとおり、結果は上々でした。

　みなさんがすばらしい結果を出してくださり、私はコアトレゴルフに確信をもつことができたのです。

コアトレ後は**筋肉の血流**が こんなに変化!

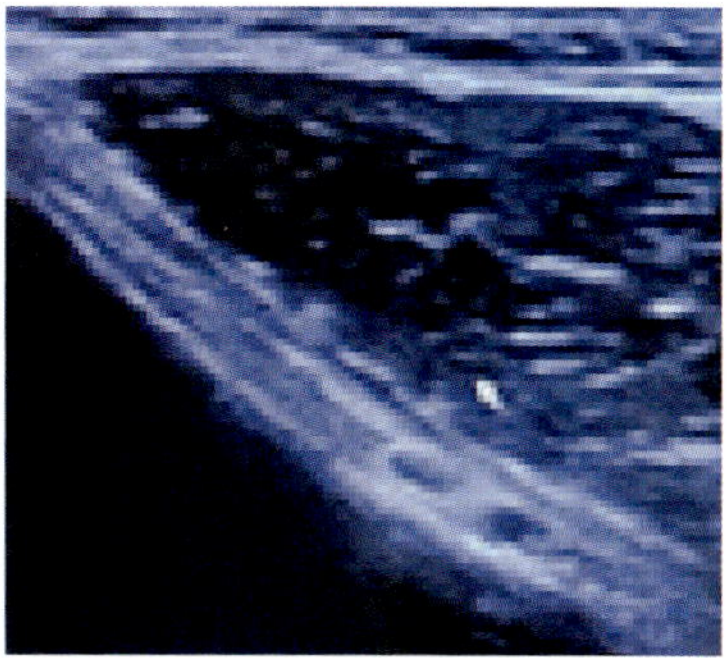

Before

CTによるコアトレ前の内ももの筋肉（内側広筋･ないそくこうきん）の状態

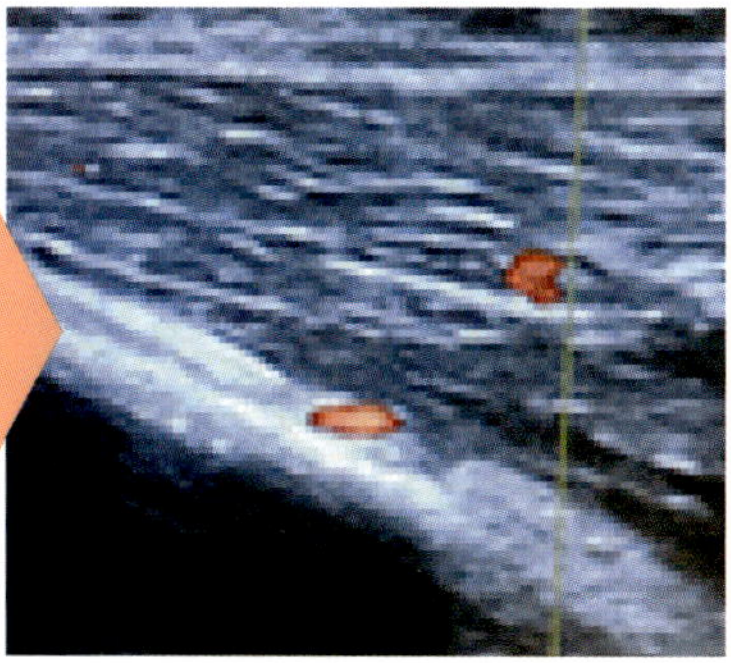

After

コアトレ後30分で筋肉内の血流が大きく増加。効果が証明された

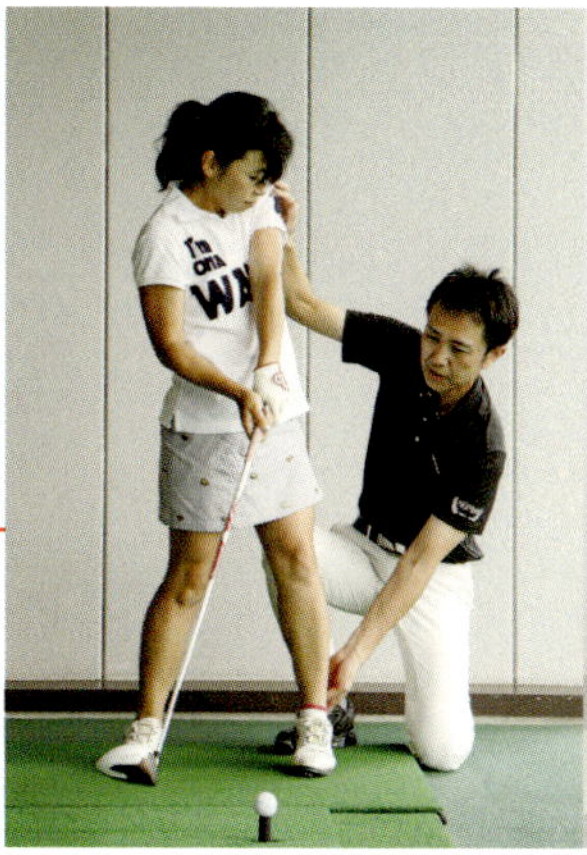

濱田による技術的な指導を並行して行った。動きがよくなると、フォームも改善!

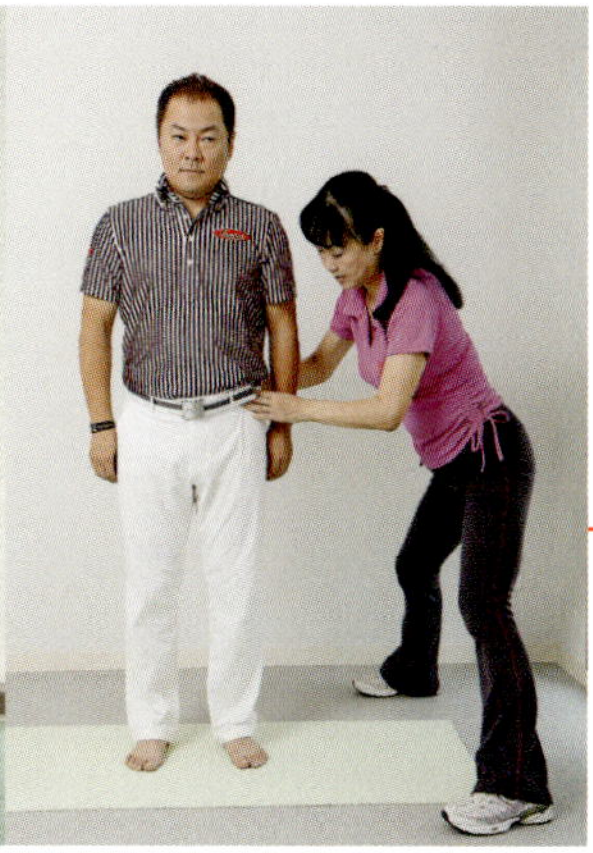

有吉によるコンディショニング処方。カラダの変化がその場でおもしろいようにあらわれた

技術監修は濱田プロ。ゴルフとコアの深～い関係を掘り下げます！

私はゴルフをはじめ、テニス、格闘技、バレーボール、長距離、跳躍競技、バレエ、フィギュアスケート、新体操、トライアスロンなど、さまざまなスポーツに打ち込むアスリートを指導しています。そして、どのスポーツも「技術解説はしない！」と決めています。それは、カラダを整えることで競技力が上がるという考え方を根本にもっているからです。

テクニックに関することは、それぞれのプロやコーチにお聞きしながらトレーニングを進めています。今回はプロゴルファーの濱田塁さんに技術的なアドバイスをしていただきました。

深いところにある
筋肉を目覚めさせて
あげるだけ。すぐに
変化を実感できるはず

濱田　ジュニアのころからゴルフをしていて実感しているのは、ゴルフ界はフィジカルなトレーニングに関してとても遅れていて、いまだ「正解」がない。ボク自身、もっとゴルフがうまくなりたいからと、ハードな筋トレをしたこともありましたが、スイングのバランスが崩れて逆効果だった。だから生徒さんにも筋トレはすすめず、基本的なストレッチやランニングをしてくださいとしか言えてないんです。

有吉　コアトレはいわゆる筋トレではなく、カラダの深層部にある筋肉（コア）と、動作をつかさどる大きな筋肉のゆがみを整えて、うまく使えるように最高の状態にすること。ゴルフでいえば、この状態になって初めて正しいスイングの動きができるんです。それに、疲れづらくもなりますよ。

濱田　たしかに、ゴルフスイングは一方通行の動きなので、カラダはかたよりがちだし、多くの人が腰痛などのトラブルを抱えています。

有吉　そういったカラダの不調だけでなく、メタボ解消にも貢献します（笑）

濱田　でも、むずかしいメニューだと続けられるか心配です。

有吉　いえいえ、とてもカンタンです。道具も必要ないし、筋トレみたいにキツくない。どちらかというと、いかに脱力するかがポイントなんです。とにかくやってみてください。まずはご自分のカラダのゆがみを確認するところからはじめましょう！

筋トレは硬い筋肉がつくので生徒さんには簡単なストレッチだけをすすめています

スイングが劇的に変わる！

コアトレゴルフ

CONTENTS

はじめに　2
上手に動けないのは、あなたがヘタだからじゃありません！　4
上達したければ、ゆがんだままのカラダで何球も打たないで！　5
カラダを整えるだけで、あなたのゴルフは必ず上達します！　6

技術監修は濱田プロ。ゴルフとコアの深～い関係を掘り下げます！　8

筋肉と骨格は人生の履歴書。ゆがみをズバリ指摘します！
アマチュアのスイングをチェック！　15

第1章 カラダのクセがゴルフの上達を妨げる　21
クセ球の原因はカラダ（骨格）のゆがみ　22
お悩み別カラダのゆがみを一挙公開！　24

●スライス 24
●フック・ヒッカケ 26
●飛距離不足 28
●女性によくある悩み 30
「モニタリング」でカラダを観察! 32
【コラム　筋肉の過緊張による信号①】
腰痛 36

第2章 カラダはなぜゆがむ? 37

「使われすぎの筋肉」と「使われない筋肉」 38
ゴルファーの筋肉の発達メカニズム 40
「腕で打つ」感覚のまちがい 42
股関節は回旋を受け止める大切な関節 44
足裏がスイングを決める 46
【コラム　筋肉の過緊張による信号②】
股関節痛 48

第3章 コンディショニング実践編 49

コンディショニングとは? 50
「回旋」をスムーズにする
体幹のコンディショニング 54

Ⓡ胸椎クルクルトントン ―― 54
Ⓡ腰椎クルクル ―― 55
Ⓡ腰椎トントン ―― 56
Ⓡ股関節グルグル ―― 57
Ⓡ胸椎クルクルトントン（立って）／Ⓡ鎖骨プッシュ ―― 58
Ⓡ肋骨下スリスリ ―― 59
Ⓐアブブレス・ストロングブレス ―― 60
Ⓐフェイスダウンブレス／Ⓐサイドベント ―― 61
Ⓐスタンディングツイスト／Ⓐ視線の反射による回旋のトレーニング ―― 62
Ⓐネックエクステンション／Ⓐスパイナルローテーション ―― 63

「股関節」を整えるコンディショニング ―― 64
Ⓡ脚クルクルトントン ―― 64

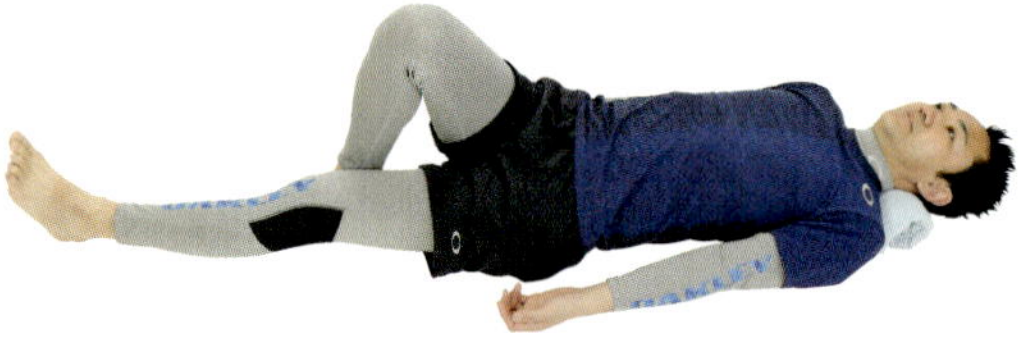

Ⓐレッグカール（寝て、立って）／Ⓐアブダクション ―― 65
Ⓐアダクション／Ⓐストレートカーフレイズ ―― 66

「足裏・足指」のコンディショニング ―― 67
Ⓡ指わけ・足首グルグル ―― 67
Ⓐサムライシット／Ⓐニーローテーション ―― 68

「肩まわり」を整えるコンディショニング ―― 69
Ⓡ両腕スルスル／Ⓡ両腕クルクル ―― 69
Ⓡ肩ブラブラクルクル ―― 70
Ⓐエルボーアダクション ―― 71

ボディコンディショニングポールを使ったコンディショニング ―― 72

コースでできるコアトレ ―― 74

練習・ラウンド前

●背骨まわりを整える 75
Ⓡ胸椎クルクル／Ⓐスタンディングツイスト／Ⓐ視線の反射を使う
●肩甲骨・肩まわりを整える 76
Ⓡ肩ブラブラ／Ⓐエルボーアダクション
●手首・ヒジ下を整える 77
Ⓡ手首ブラブラ／Ⓐヒジプッシュ
●股関節まわりを整える 77
Ⓡ前脚クルクル／Ⓡ後脚クルクル／Ⓐヒップシェイク

ラウンド中

●首まわりを整える 78
Ⓡ頸椎クルクルトントン／Ⓐネックエクシテンション

●ふくらはぎが疲れたら 79
Ⓡもも裏とふくらはぎのストレッチ／Ⓐダウンウォーク
●コアに意識を向ける 80
Ⓐ腹直筋アクティブ
●軸をつくる 80
Ⓐクロスウォーク
●肩甲骨まわりが疲れたら 80
Ⓐエクスターナル・ローテーション
●ももの前側が疲れたら 81
Ⓐレッグカール
●目が疲れたら 81
Ⓡフェイスリセット
●頭の位置を整える 81
Ⓡ鎖骨プッシュ
【コラム　筋肉の過緊張による信号③】
ヒザ痛 82

※トレーニング項目名上のⓇは「リセットコンディショニング」、Ⓐは「アクティブコンディショニング」です

第4章 ミス&悩みの原因をコアトレで解決! 83

スライス

スライサー大森さんの棒球スライス解消メニュー —— 84

スライサー富永さんのヨレヨレ球解消メニュー —— 88

フック・ヒッカケ

フッカー東山さんの突っ込みスイング解消メニュー —— 92

フッカー加藤さんのOB級ヒッカケ撲滅メニュー —— 96

飛距離不足

嶋田さんの姿勢&スイング改造クイックメニュー —— 100

鳥海さんのゆるゆるフィニッシュ一掃メニュー —— 104

女性によくある悩み

田中さんのパワーアップ&スイング改造メニュー —— 108

木曽さんのバランス向上&スイング改造メニュー —— 112

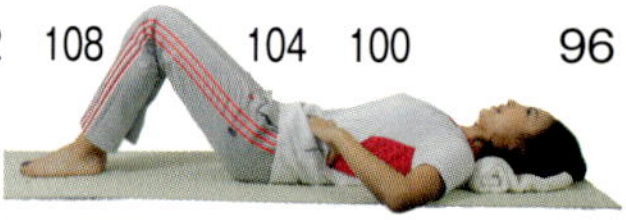

【コラム 筋肉の過緊張による信号④】ヒザ痛 —— 116

【コラム 筋肉の過緊張による信号⑤】肩コリ・首コリ —— 117

おわりに —— 118

壁に貼って毎日やろう!

コアトレゴルフカード

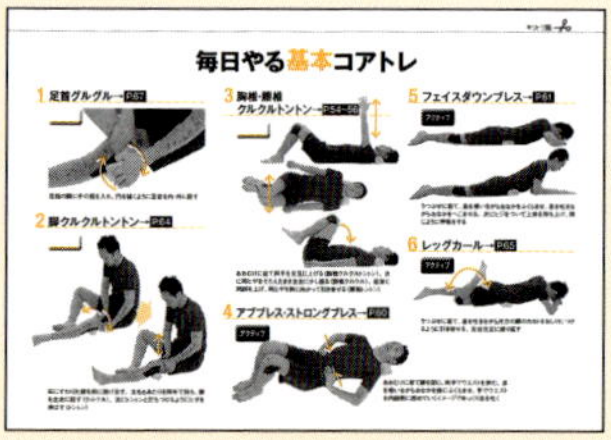

毎日やる基本コアトレ 121/スライス&フックを克服 122/飛距離アップを目指す 123/ショートゲームがうまくなる 124/ラウンド前日・前夜 125/ラウンド中① カラダの回転が浅い 126/ラウンド中② 上半身のリキみをとる 127/ラウンド中③ 下半身の動きをよくする、疲れてきたら… 128

アマチュアのスイングをチェック！

筋肉と骨格は人生の履歴書。ゆがみをズバリ指摘します！

日常生活や運動時のクセのおかげで、ほとんどの大人の姿勢は乱れている。どんなに理想のスイングを思い描いても、カラダがかたよっていてはそのとおりにクラブを振れないのだ。プロのようにカッコいいスイングを手に入れるためには、まず自分のカラダがいまどうなっているかを理解し、改善が必要な筋肉を「整える」ことが最優先事項。まずはアマチュアゴルファーを例にカラダのゆがみとスイングの関係を見ていこう。

もったいない!
カラダのゆがみを整えれば
もっと飛ばせます!
私はゴルフの専門家ではありませんが、
カラダのゆがみがスイングに
悪影響を与えていることは
写真を見れば一目瞭然です!

スイング拝見 あなたのココがゆがんでます!

case 1

カラダが傾いているから正しく回れない!

側屈あり
顔は回っているのにカラダが回旋していない
カラダが回り切れていない
腕の振りにブレーキがかかる

カラダが右に傾いているため、バックスイングで左ヒザが内側に入りすぎています。切り返しからダウンスイングにかけてはカラダが左に流れて、軸が横にブレています。まずは背骨をリセット、傾きを直すところから始めましょう。

case 2

骨盤の後傾が原因で重心がうしろに

ヒザの上下で回してます！

テークバックからフィニッシュまで、カラダの回旋ではなく、ヒザの動きでスイングをつくっています。これでは飛距離は出ませんね。原因は骨盤の後傾による重心位置のズレ。一刻も早い骨盤のリセットが必要です。

カカト体重のまま始動
ヒザを伸ばしてテークバック
回旋ではなくカラダの上下動につられて腕が動いている
ヒザを曲げてクラブを振り下ろす
沈み込み
骨盤後傾

case 3

前腕に力が入りすぎて全身が硬くなる

この動き、女性や高齢者にすごく多い!

全身カチカチで背骨がつねにストレート。これはヒジから手にかけて力が入りすぎて、カラダ全体が緊張してしまっているから。それをなんとかカバーしようとヒザでリズムをとるのですが、パワーは上に逃げてしまっています。

背筋がストレートでカチカチ
カラダの動きにブレーキをかけている
前腕に力が入りすぎ
パワーがボールに伝わらない
ヒザが伸び切る

case 4

股関節は回っているのに回旋に左右差が！

脚の使い方が原因です

バックスイングはきれいに回れています。ところが、切り返し以降は回旋にブレーキがかかり、インパクトを迎えるころには回旋が完全に止まって上に伸びてしまっています。これは、脚の内反・外反が原因で回旋に左右差が生まれているから。でも大丈夫。脚のコンディショニングで解決できます。

ココが問題!
右足は外反、
左足は内反
回旋が
ストップ
回転不足で
伸び上がる

case 5

骨盤後傾でもヒザが屈曲

野球をやっていた人に多い傾向です

側屈あり
上腕が内旋。
内側に
ひねっている
ヒザが硬く
使えていない
うしろに体重を
残したまま
フィニッシュ

Case 2のモニターと同じように骨盤が後傾。ただし、重心位置ではなくヒザが屈曲して硬くなってしまっています。さらに肩甲骨まわりも硬く、上腕が内側にひねられています。それぞれを整えていくことで改善できます。

第1章

カラダのクセがゴルフの上達を妨げる

クセ球の原因はカラダ（骨格）のゆがみ

「まっすぐ飛ばない」「飛距離が出ない」

多くのゴルファーが悩みを抱えていますが、このふたつが代表的な悩みのようです。

ゴルフは道具を使うスポーツですから、その使い方の基本的なスキルは、必ずプロにレッスンしてもらうことをおすすめします。初めに変な感覚が身につくと、直すのに時間がかかります。筋肉のクセは、その動きのくり返しでカラダにゆがみをつくってしまう。だから、まずはプロに基本を習うことが大切なのです。

コンディショニング的には、カラダのゆがみを整えるとフォームが整うことが実証されています。では、ゴルフの悩みについては、共通したカラダのゆがみがあるのでしょうか？

あったのです！　取材を続けるうちに、私は共通した特徴を見つけました。

そのお話をする前に、カラダの仕組みについて知っておいてほしいことがあります。人間の背骨には、振り返る『回旋』（ゴルフでは『捻転』と言っています）という動作、カラダを倒す『側屈（横方向）』『前屈（前方向）』、さらには反らせる『後屈』という動きがあります。私たちは日々この「背骨の動き」で動いています。片手を伸ばすと背骨を回旋方向に、脚を持ち上げると背骨はカラダが倒れないように側屈と回旋でバランスをとります。そんな日常動作のクセが私たちの姿勢をつくっているのです。ゆがみも動き方のクセとくり返しでできあがります。

ゴルファーの悩み別にカラダのクセを見ると、背骨のゆがみに特徴があることがわかりました。背骨にゆがみが生じる原因は次のとおりです。

①背骨自体のゆがみ。日常のすわり方でクセがつくことが多い

②頭の位置が背骨に影響。デスクワーク時の頭の位置にクセがあることが多い

③立ち方、歩き方など脚（股関節やヒザ）の使い方のクセ

④足の裏、足指の使い方のクセ

⑤腕の使い方が背骨に影響を与える。肩コリ首コリを感じるのはこのタイプ

⑥コア（横隔膜・腹横筋・多裂筋・骨盤底筋群）がうまく使えていない

第1章ではゴルファーの典型的な悩み・クセ・カラダのゆがみの関係を、モニターの実例をあげて説明していきたいと思います。

スライサーによくあるアドレス。
濱田（左）のアドレスと比べると、上半身が右側に傾き、
肩と腰の角度がズレているのがわかる

あなたはどのタイプ？

お悩み別 カラダのゆがみを一挙公開！

お悩み1

スライス

同じ悩みを抱えたゴルファーは、共通したカラダのゆがみ方をしています。まずスライサーから見ていきましょう。

スライスに悩むモニターを調査したところ、なんと全員に『左回旋（ひだりかいせん）』のゆがみがありました。本人は直立しているつもりでも、カラダが左にねじれた状態で立っているのです。

そして大きな特徴がもうひとつ。カラダが右側に倒れている『右側屈（みぎそっくつ）』が見られました。

ゴルフスイングは背骨を軸に回転する動作を基本としていますが、この回旋がスムーズにできないと、カラダを横に傾ける動作でカバーしようとします。右利きの人に多く見られる傾向ですが、スライサーはとくにその度合いが大きいことがわかりました。

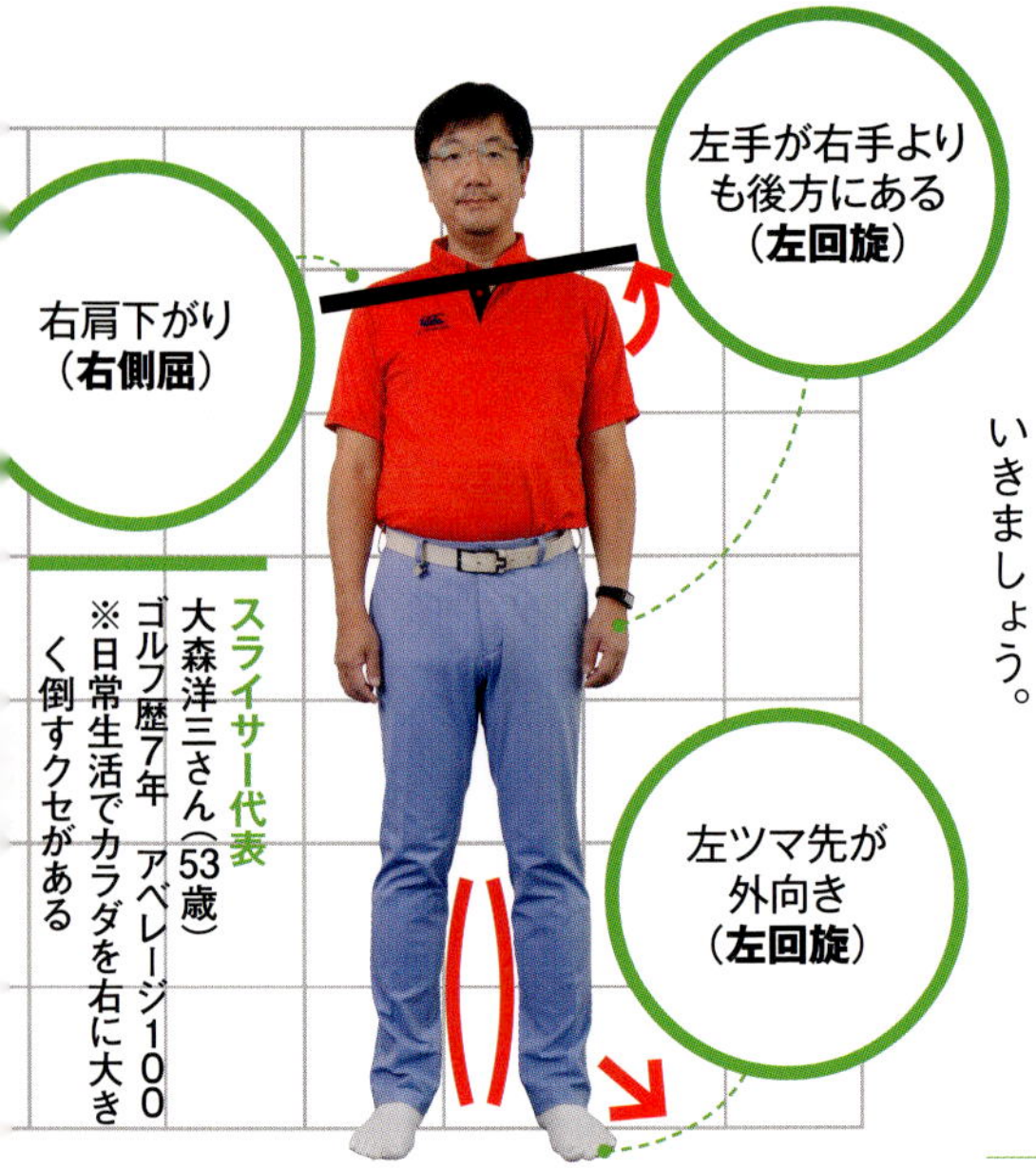

左手が右手よりも後方にある（**左回旋**）
右肩下がり（**右側屈**）
左ツマ先が外向き（**左回旋**）

スライサー代表
大森洋三さん（53歳）
ゴルフ歴7年　アベレージ100
※日常生活でカラダを右に大きく倒すクセがある

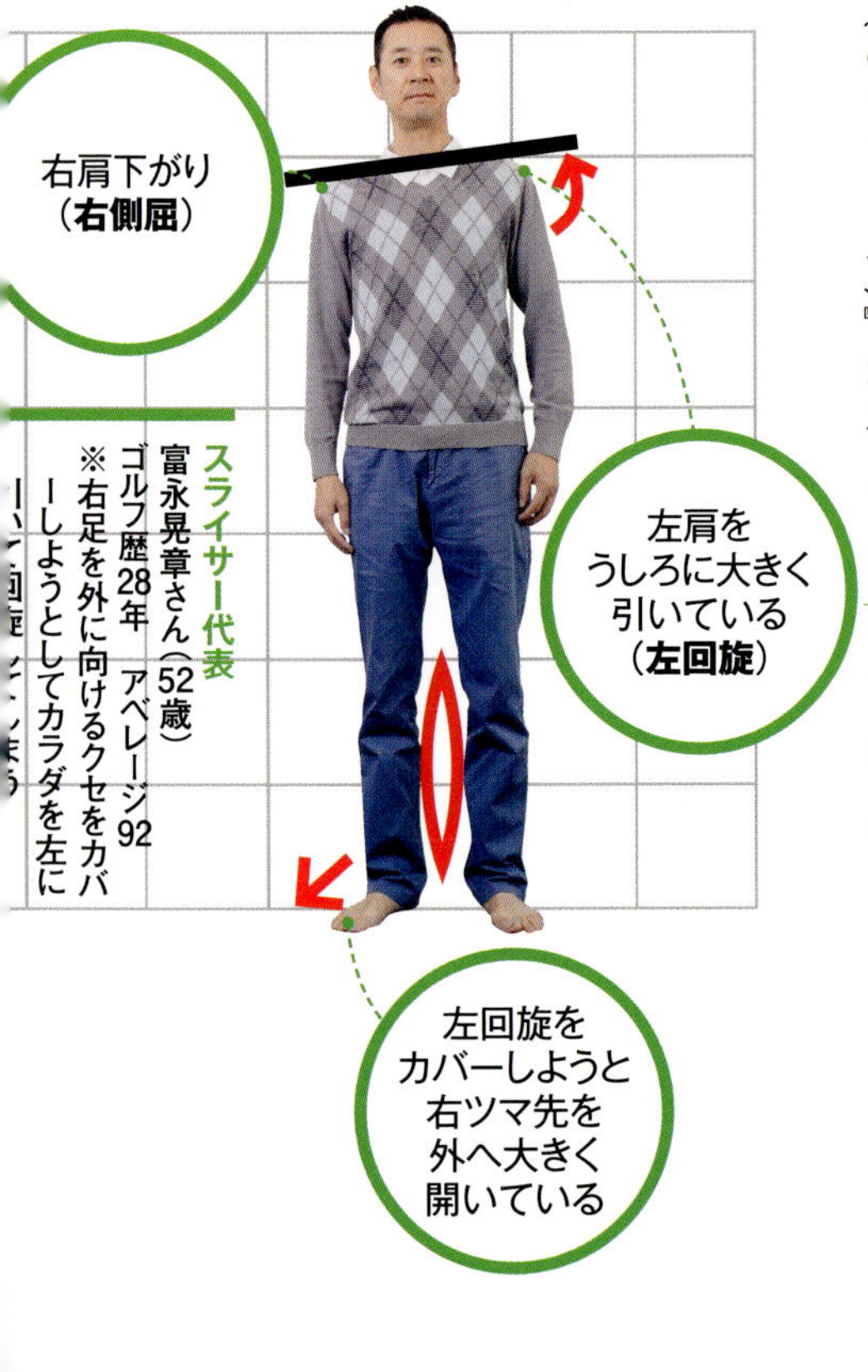

右肩下がり（**右側屈**）
左肩をうしろに大きく引いている（**左回旋**）
左回旋をカバーしようと右ツマ先を外へ大きく開いている

スライサー代表
冨永晃章さん（52歳）
ゴルフ歴28年　アベレージ92
※右足を外に向けるクセをカバーしようとしてカラダを左に

スライス

棒球気味の
スライスばかり
カラダは大きいのに
球に勢いがない…

右側屈の体勢を、左股関節を使って
バランスをとろうとしている

濱田の分析

- 左側の筋肉が伸びきってしまう
- 回旋する動きにロックがかかって体幹を使えない
- スライスしてパワーもロス

すっかり持ち球に
なってしまった
スライス。直して
もっと飛ばしたい!

左回旋、右股関節のゆがみ、骨盤が後傾

濱田の分析

- アドレスで必要以上に右ツマ先が開く
- 回転を下半身で受け止めきれない
- パワーロス、フェースが返らずスライス

スライサーの特徴

❶ 左回旋＝カラダの左サイドが後方(背中側)に引けている (※右利きの場合)

❷ 右側屈＝右肩が下がっている (※右利きの場合)

スライサー2人のカラダ&スイング改善は84ページから!

お悩み2

フック・ヒッカケ

ボールが左へ曲がるフッカーのモニターのカラダは、全員が『右回旋』。見事にスライサーとは真逆の結果になりました。

はじめから右にねじれているカラダを、ダウンスイングで取り戻そうと上体が突っ込み、早く大きく回そうとリキんでしまう。さらに、インパクトでカラダが伸び上がる傾向も見られます。

右回旋があると、それを補おうとして肩まわり、股関節まわりにゆがみを併発してしまうことがあります。フックやヒッカケに長年悩まされている方は、この複合的なゆがみを疑っていいと思います。

右肩下がり（**右側屈**）
右脚に伴い、右肩も背中側に引けている
右脚が背中側に引けている（**右回旋**）
右ツマ先が大きく開いている

フッカー代表
東山英諭さん（57歳）
ゴルフ歴30年　アベレージ83
※ヒザの曲がりが原因でカラダが右に倒れている。そのため腰痛もある

右肩下がり（**右側屈**）
右肩がうしろに引けている
右ツマ先を大きく開き、右脚を引いている（**典型的な右回旋**）

フッカー代表
加藤一来さん（47歳）
ゴルフ歴20年　アベレージ90
※骨盤の傾きが背骨に影響。骨盤の傾きは脚の付き方の左右差を生じさせる

フック・ヒッカケ

フックばかり出て
困ってます。
これってカラダが硬くて
まわらないから?

カラダ全体は右･前に傾きながら、右肩はうしろへ回旋。
しかも、右の大腰筋がかなり硬い。捻転不足でパワーが出ない

濱田の分析

トップが浅く、スイングテンポも速くなりがち	無理に肩を回そうとするからカラダが突っ込む	重心もツマ先で余計にまわりにくい	大腰筋をこのまま放っておくと腰痛が悪化する危険も

たまに出る
ヒッカケがOB級。
飛距離も出ないし、
なんとかしたい

右側屈、右回旋。腕は外転してカラダから離れ屈曲。
うまく捻転できずボールに力が伝わらない

濱田の分析

捻転が弱く手打ち気味	体重移動ができずトップで左足に重心が残る	コントロールしようとするとブレやすく飛距離も出ない

フッカーの特徴

❶ 右回旋＝カラダの右サイドが後方(背中側)に引けている (※右利きの場合)

❷ 肩や股関節にゆがみが生じている可能性が高い

フッカー2人のカラダ&スイング改善は92ページから!

お悩み3

飛距離不足

飛距離が出ないと悩んでいる方に共通して見られる特徴は、背骨の並びが悪く、頭の位置が正しい位置にない点があげられます。本来は横から見てS字カーブを描いていなければならない「胸椎ー腰椎ー骨盤」にかけてのラインが、まっすぐになってしまっているのです。加えて、頭の位置が悪いと、肩まわりも緊張して余計な力が入ってしまいます。

これらの代償で、胸郭（肋骨と前面の胸骨、後面の胸椎からなるカゴ状の骨格）が硬く、呼吸が浅い（呼吸がうまくできていない）方ばかりでした。

また、リバース呼吸、つまり息を吸ったときにお腹がへこんでしまうというまちがった呼吸によって、カラダのコアが使えていないことも問題です。呼吸は大事なポイントなのです。

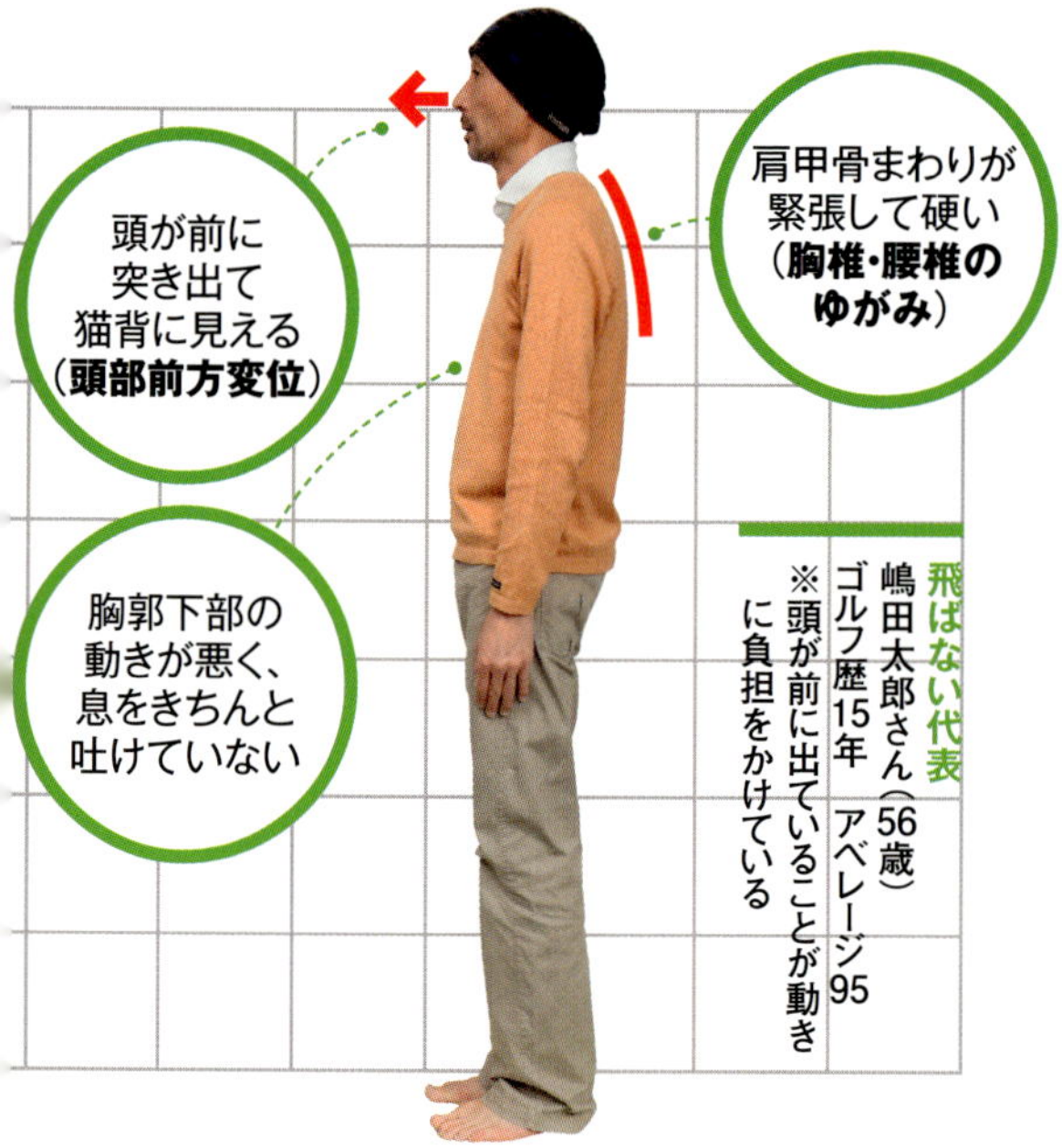
肩甲骨まわりが緊張して硬い（**胸椎・腰椎のゆがみ**）
頭が前に突き出て猫背に見える（**頭部前方変位**）
胸郭下部の動きが悪く、息をきちんと吐けていない

飛ばない代表
嶋田太郎さん（56歳）
ゴルフ歴15年　アベレージ95
※頭が前に出ていることが動きに負担をかけている

本来はS字カーブなのにストレート（**胸椎・腰椎のゆがみ**）
胸郭下部の動きが悪く、息をきちんと吐けていない
うなずきグセの代償で下腹部が突き出ている

飛ばない代表
鳥海 清さん（50歳）
ゴルフ歴20年　アベレージ85
※肩が上がり、それをカバーしようとしてアゴを引いてしまう

飛ばないのはカラダが硬くて回らないから? ダフリのミスも多いです

胸椎のゆがみが原因で
肩甲挙筋(けんこうきょきん・肩甲骨を上下させる筋肉)が緊張

濱田の分析

バックスイングで右ヒジが開く	トップでシャフトがクロスし、寝て下りてくる	ボール位置よりも手前でヘッドの最下点を迎えてしまう

方向性重視と言ってるけれど、本音はもっと飛ばしたい

胸椎のゆがみとまちがった呼吸でカラダのコアを使えない

濱田の分析

肩まわりが緊張、上半身がリキむ	捻転差が足りない	ヘッドが走らない

飛ばない人の特徴

❶ 本来はS字曲線の「胸椎ー腰椎ー骨盤ライン」がまっすぐ

❷ 胸郭が硬く、呼吸がうまくできていないからカラダのコアが使えない

飛距離不足の2人のカラダ&スイング改善は100ページから!

お悩み4

女性によくある悩み

女性のモニターを見たところ、みなさんが共通してオーバースイングになっていること、息を止めて打っていることがわかりました。

力いっぱい振っているのにボールが飛んでくれない、という悩みも全員共通です。

それは女性が筋力不足で筋肉量も少ないからでしょ？　と思われるかもしれませんが、一概にそうとは言えません。

重要なのは筋肉量ではなく、コアが使えているかどうかです。コアが働くことで、パフォーマンスは飛躍的によくなります。女性は総じてコアが使えていませんでした。

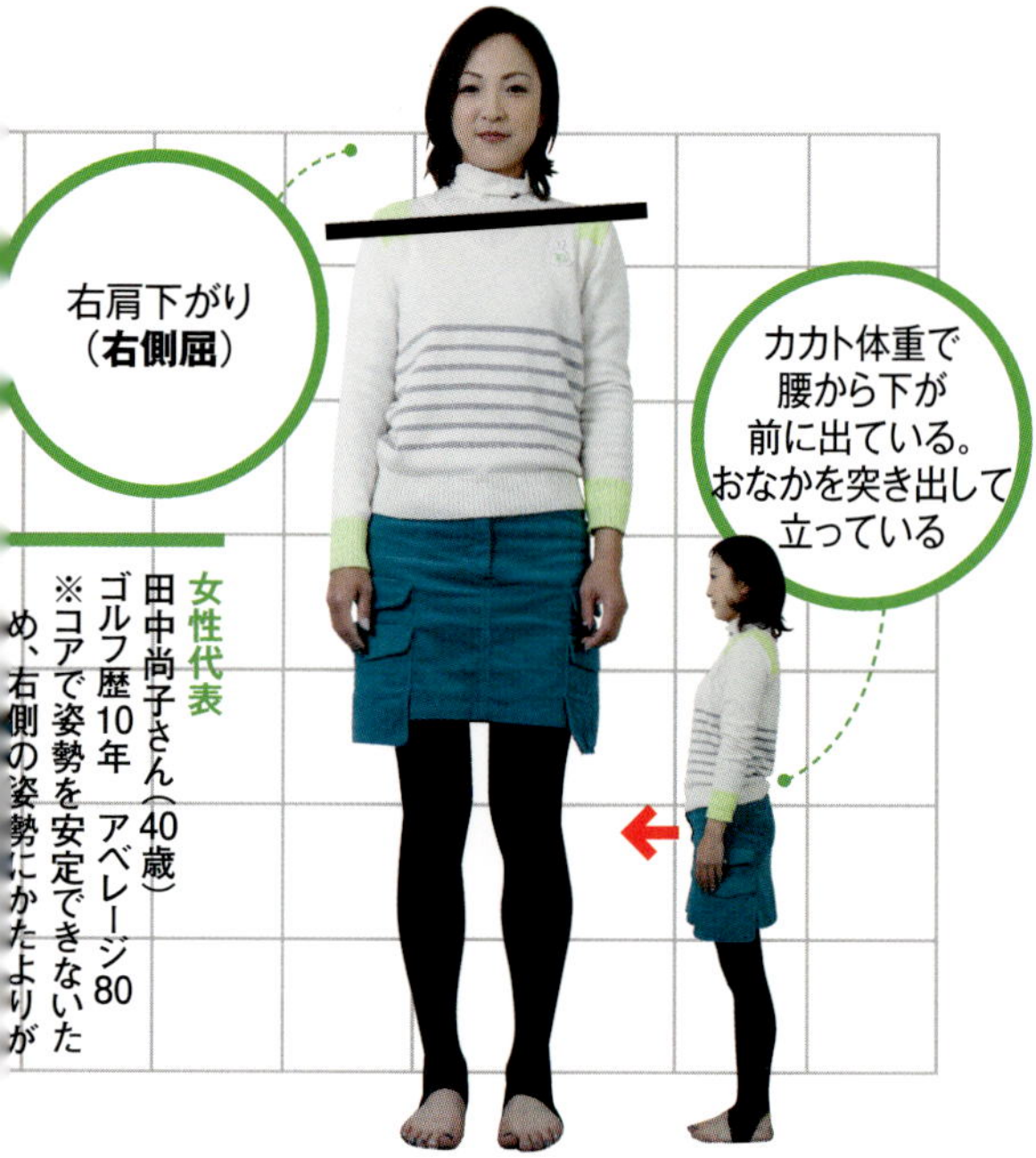

右肩下がり
（**右側屈**）
カカト体重で
腰から下が
前に出ている。
おなかを突き出して
立っている

女性代表
田中尚子さん（40歳）
ゴルフ歴10年　アベレージ80
※コアで姿勢を安定できないため、右側の姿勢にかたよりが

左肩下がり
カラダが
“く”の字に
傾いている
おなかを
突き出して
立っている

女性代表
木曽朋絵さん（40歳）
ゴルフ歴20年　アベレージ90
※やはりコアで姿勢を安定できないため、正しい位置を自覚できず、右を見てバランスをとるクセがある

突発的に出る
スライスの原因を
つき止めたい!

右肩が前に出ている。
重心はカカト寄り。足、ヒザが内側を向いている

濱田の分析

安定して立てない	スイングプレーンが安定しない	球筋がバラつく

毎回同じスイングが
できない
もっと飛ばしたい

右肩が前に出る。上半身から始動する

濱田の分析

体幹を使えない	下半身が流れる	ダウンでカラダが開く	ヘッドが走らない

女性の特徴

❶飛ばそうという思いがリキみを生む
❷コアを使えていないからパワーがボールに伝わらない

女性2人のカラダ&スイング改善は108ページから！

まずは自分のカラダのクセや特徴を知る

「モニタリング」でカラダを観察

悩み解決の第一歩は、自分のカラダを観察すること。「モニタリング」をすることで、自分の悩み・クセ・カラダのゆがみの関係が見えてくる。まずは、鏡の前で両足を肩幅程度に開いてまっすぐに立ち、両手をだらりと下げる。次のポイントを見てみよう。

回旋のモニタリング

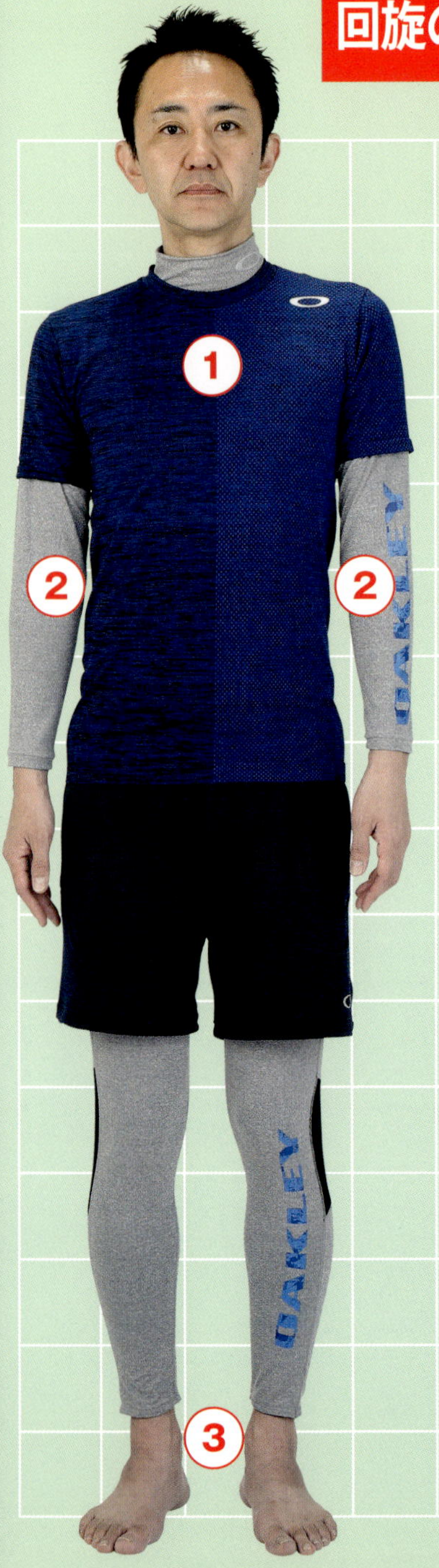

MONITORING ①

胸元を見る

●左右のどちらかがうしろ（背中側）に引けていないか？

→左側がうしろに引けていたら「左回旋」。スライサーに多く見られる傾向

MONITORING ②

腕を見る

●うしろに引けている胸と同じ側の腕の位置を見る。腕も同じようにうしろにあるか？

→反対であれば回旋とは関係なくヒジの「屈曲」が考えられる。ヒジが曲がっていると手打ちのスイングになりやすい

MONITORING ③

足元を見る

うしろに引けている胸・腕と同じ側の足元を見る。足がうしろにあったり、ツマ先が開いたりしていないか？

→反対であれば足（立ち方）でバランスをとっている可能性がある。スイング中の下肢バランスが崩れやすく軸がブレやすい

肩関節のモニタリング

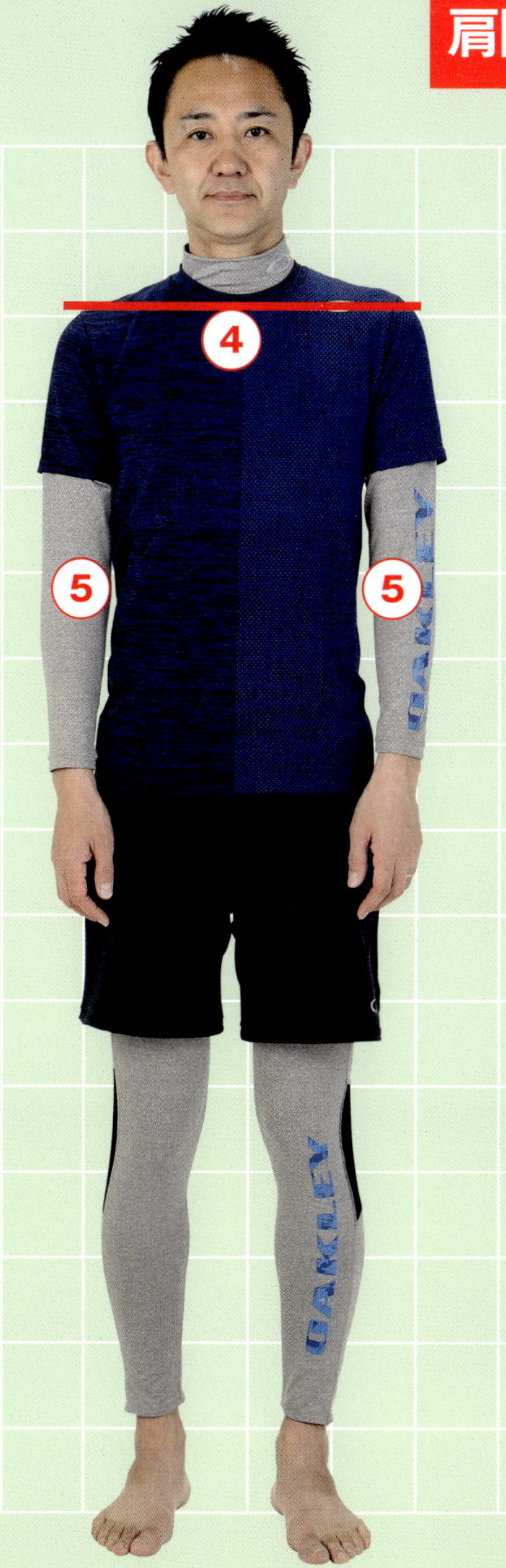

MONITORING ④

肩の高さを見る

●肩の高さは左右同じか?(側屈確認)

→肩が低いほうは胴体が「側屈」している。下がっている側が縮んでいる。インパクトでカラダが傾くのでヘッドの入射角が不安定に

MONITORING ⑤

腕の位置を見る

●腕が胴体の側面にぴったりとついているか?

→胴体から離れていたら「外転」。腕がカラダから離れて手打ちになりやすい

●腕が胴体の側面からはみださずにまっすぐ下りているか?

→腕が前や外に張り出していたら「屈曲」。やはり手打ちの原因となる

●手の甲が横を向いているか?

→手の甲が前を向いていたら「内旋」。正しいグリップやアームローテーションができにくい

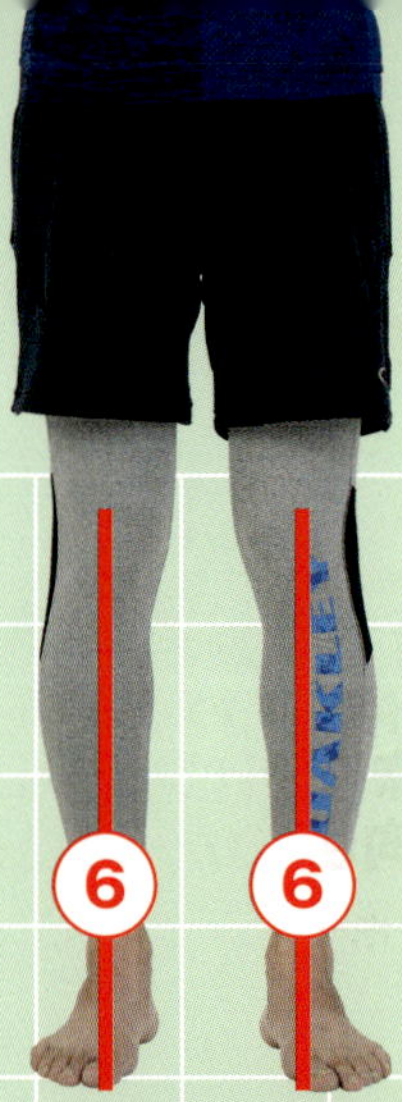

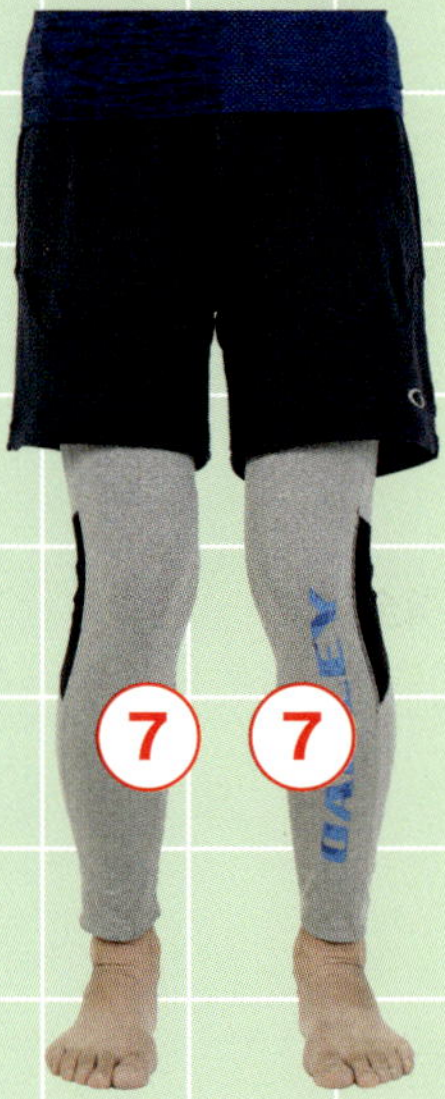

股関節のモニタリング

MONITORING
⑥

立った状態で足の開きを見る

●ヒザとツマ先の向きはそろっているか?

→ズレている場合は股関節の開きに左右差がある。体重移動がうまくできずバランスが崩れやすい

MONITORING
⑦

ツマ先を正面に向けヒザを軽く曲げ、ヒザを見る

●ヒザが正面を向いたまま曲がるか?

→ヒザが内側を向いたらX脚、ヒザが外側を向いていたらO脚の傾向あり。アドレスが安定しない

MONITORING
⑧⑨

脚を投げ出してすわって(長座)見る

⑧背筋を伸ばしてラクに座れるか?

→背中がまるまったり、骨盤が立たなかったら背骨まわりの筋肉が使えず、スムーズな回旋運動がしづらい

⑨ヒザの裏が床にぴったりつくか?

→ヒザが床から離れている(ヒザが伸びない)状態はヒザ曲がり(屈曲)がある。下半身が十分に使えず、スイングにも影響する

足裏・指先のモニタリング

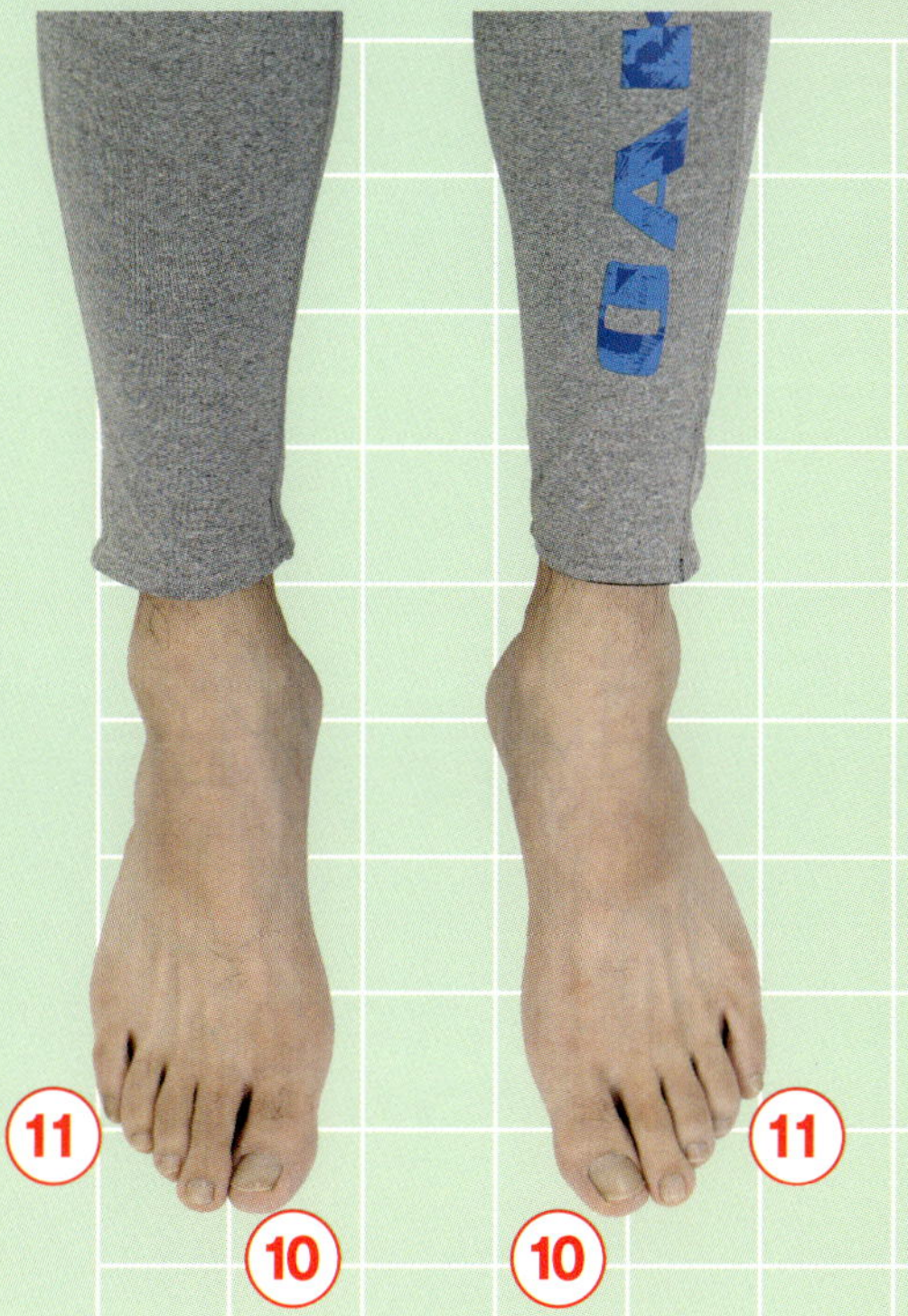

MONITORING
⑩⑪⑫⑬

ヒザを曲げてすわり（体育ずわり）足裏を床につける。足指の向き、曲がりを見る

⑩親指はまっすぐ正面を指しているか？

→親指が人さし指に寄っていれば外反母趾。疲れやすい。指足のゆがみはアドレスの不安定につながり、全体のフォームを乱す

⑪小指のツメはまっすぐ上を向いているか？

→小指が横を向いている（ツメが見えない）と体重が外にかかる。やはり疲れやすい

⑫指全体が床についているか？

→指の真ん中が曲がって床につかなければ「ハンマートゥ」、指が反ったりまるまったりして床につかないと「浮き指」。足指で地面を押せないとアドレスが不安定に。軸がブレやすい

⑬足裏や指にマメやタコ、皮むけはないか？

→マメやタコ、皮むけがあると足裏の感覚が鈍感に。姿勢の維持や体重移動に影響あり

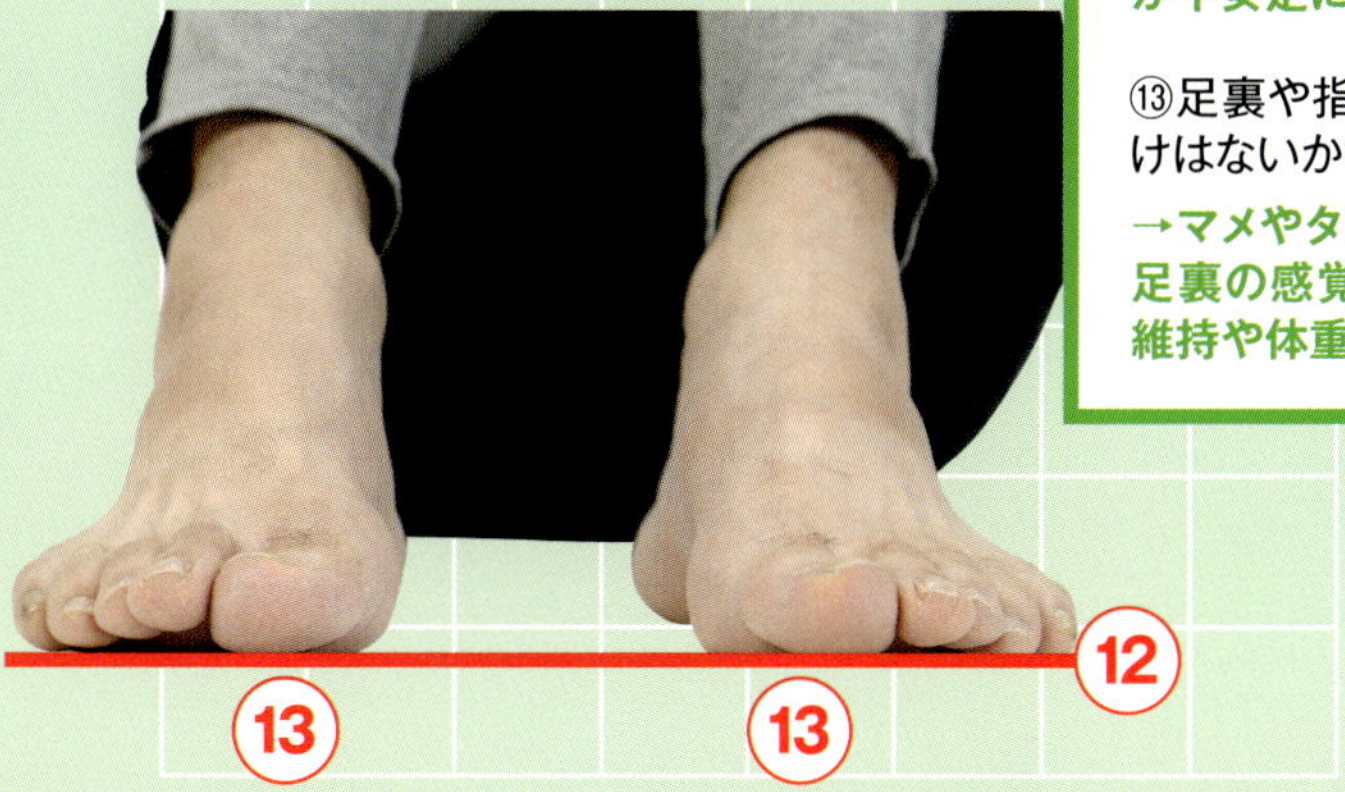

※P.32〜35で紹介したモニタリング方法は簡易的なものです。
ご自身のカラダをきちんと知りたい方は、専門家によるモニタリングをおすすめします。

筋肉の過緊張による信号①

腰痛

ゴルフスイングは、カラダを一方方向に強く回す運動ですので、腰に負担がかかります。

カラダを回す筋肉は、深層部にある3枚の筋肉です。これがうまく機能しないと、カラダを倒す表側の『脊柱起立筋（せきちゅうきりつきん）』という筋肉が代わりに働き、動きをコントロールします。じつはこれが腰痛を起こす筋肉です。

腰が痛い症状は、鈍痛で慢性痛的なものから、ぎっくり腰といわれる急性の腰痛症、手術が必要なものまであります。

慢性腰痛は筋肉の緊張や使い方のクセによるもので、じわじわと痛みが続きます。疲労が溜まったときなどに起きやすい症状です。一方、ぎっくり腰は、簡単に言うと筋肉の過緊張による「腰の捻挫」です。「これ以上緊張できません。がんばれません」といっている筋肉の悲鳴なのです。

慢性腰痛にしてもぎっくり腰にしても、くり返していると背骨と背骨の間にある椎間板をつぶしてしまったり（椎間板ヘルニア）、背骨と背骨をつないでいる腱や靭帯、筋肉が悲鳴をあげたり（すべり症、分離症）します。また、年を重ねると変形性腰椎症、脊柱菅狭窄症（せきちゅうきょうさくしょう）などに進行します。また、坐骨神経痛といわれる脚のしびれを伴う腰痛もあります。坐骨神経がどこかの筋肉で圧迫されることが原因です。

腰痛は早い時期にコンディショニングをすると改善するので、疾患に進む前に早めの予防をおすすめします。

腰痛予防のコアトレ

- リセット　胸椎・腰椎クルクルトントン（P.54～56）
- アクティブ　アブブレス・ストロングブレス（P.60）、フェイスダウンブレス（P.61）

第2章

カラダはなぜゆがむ？

「使われすぎの筋肉」と「使われない筋肉」

トレーニングを始める前に、筋肉が動く仕組みを知っておきましょう。

筋肉が筋力を発揮し、関節の角度を変えるとき、筋肉は3種類の動きをしています。

①短縮性筋収縮
＝筋肉が縮みながら筋力を発揮する

②伸張性筋収縮
＝筋肉が伸びながら筋力を発揮する

③等張性筋収縮
＝筋肉の長さを変えずに筋力を発揮して動きをキープする

ゴルフスイングにおいてもこの仕組みが働いていて、ラウンド中は手に負荷（クラブ）を持ち、カラダを回旋させる動きを少なくとも数十回以上くり返します。言ってみれば、一定方向にかたよったウエイトトレーニングを数十回以上行っているようなものです。

負荷をかけた、同じ動きのくり返しは「使われすぎの筋肉」と「使われていない筋肉」をつくり出し、それは筋肉を硬くする原因となります。硬くなった筋肉は筋力低下やそれに伴う疲労、関節の動きの低下を招きます。そのくり返しがカラダのゆがみとなってあらわれるのです。

筋肉は大きく分けて『表層筋』と『深層筋』の2種類に分類することができます。表層筋はカラダの表面について いて腕・肩を動かす、足を踏ん張る、股関節を動かすといった実質的な動作で活躍しています。

　一方、深層筋（＝コア）は、カラダの奥のほうで隣り合った骨を一つひとつつなぎ、骨格の安定を図っています。これがあるおかげで私たちが二足歩行ができるようになった重要な筋肉です。カラダの状況を察知しながら骨の位置関係を調整するのが主な役目ですが、なんと、カラダを回す動作にもこの深層筋が使われます。ゴルフスイングのようにカラダを回す回旋動作では、じつは背骨を安定させる深層筋が直接かかわって、重要な働きをしていることが大きな特徴です。

　カラダを回したりひねったりする動きは、骨格を安定させる筋肉＝コアの働き。コアを鍛え、整えることがいかに大切かが、これでおわかりいただけたと思います。

ゴルフスイングの「回旋運動」にはカラダの奥のほうにある深層部の筋肉（コア）が直接かかわっている。よってコアを整えることがとても大切になる

ゴルファーの筋肉の使い方とメカニズム

ゴルフの動きはすべて回旋の動きです。ゴルフスイングの回旋運動をつかさどるコアの筋肉は、カラダのもっとも深い部分に3つあります。背骨まわりについている『回旋筋』『半棘筋（はんきょくきん）』『多裂筋』という筋肉で、なかでも多裂筋は体幹を支える重要な役目を担っています。

コアの筋肉は、赤ちゃんが生まれてから歩けるようになるまでの過程で発達します。赤ちゃんは、生後約3カ月間はあおむけの状態で寝たまま「おぎゃ〜おぎゃ〜」と泣くことしかできません。これは息を強く吐いているのと同じ動きで、「横隔膜」と「腹横筋」が使われます。

横隔膜と腹横筋の筋肉活動は、背骨のまわりについた多裂筋のトレーニングを誘発します。そうすることで赤ちゃんは首がすわり、首がすわると自分の意思で首を動かし始めます。そして生後6カ月を迎えるころには「真ん中感覚」が生まれ、寝返り、すなわち回旋運動ができるようになります。多裂筋がトレーニングされた証として、人間が最初に獲得する動作が回旋なのです。息を吐くことで、多裂筋がきちんと働くことができるようになるという仕組みなわけです。

その後、赤ちゃんはうつ伏せからハイハイへと『骨盤底筋群』を発達させ、股関節を安定させていきます。そこから立っち、あんよへと、深層筋と表層筋を連動させるトレーニングへと進みます。

ゴルフスイングは回旋筋群を使った動きのくり返し。とくに多裂筋が重要な役割をはたしています。きちんと息を吐き、スイングすることで多裂筋が働いて回旋がスムーズになり、正しいフォームに近づくのです。赤ちゃんの発達過程でわかるように、横隔膜と腹横筋の筋肉活動によって多裂筋はきちんと働くようになります。

コアの筋肉（横隔膜・腹横筋・多裂筋・骨盤底筋群）

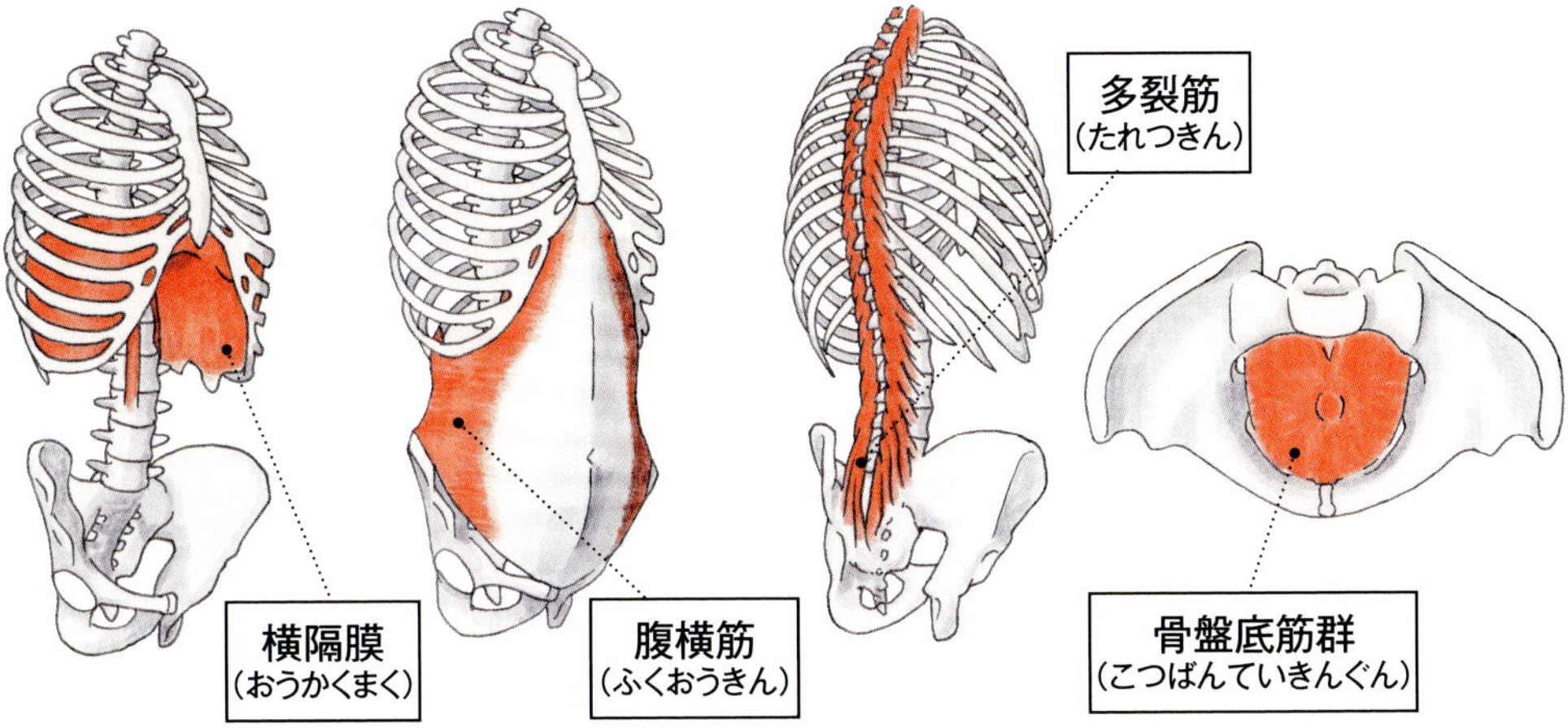

半棘筋群
（頭半棘筋、頸半棘筋、胸半棘筋）

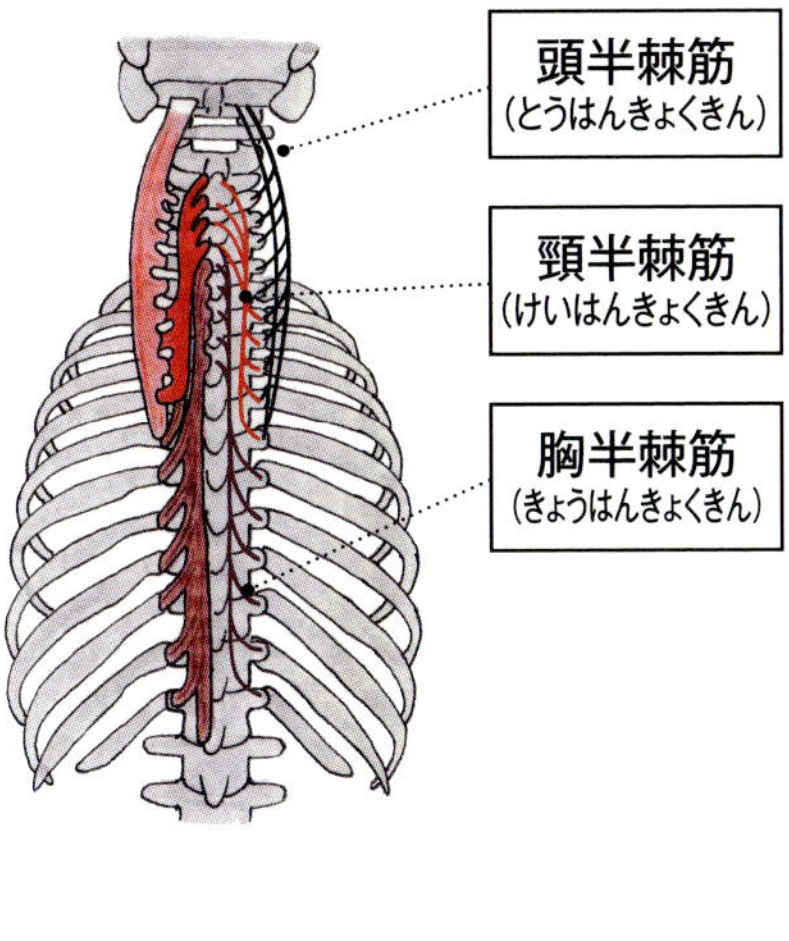

回旋筋群
（頸回旋筋、胸回旋筋、腰回旋筋）

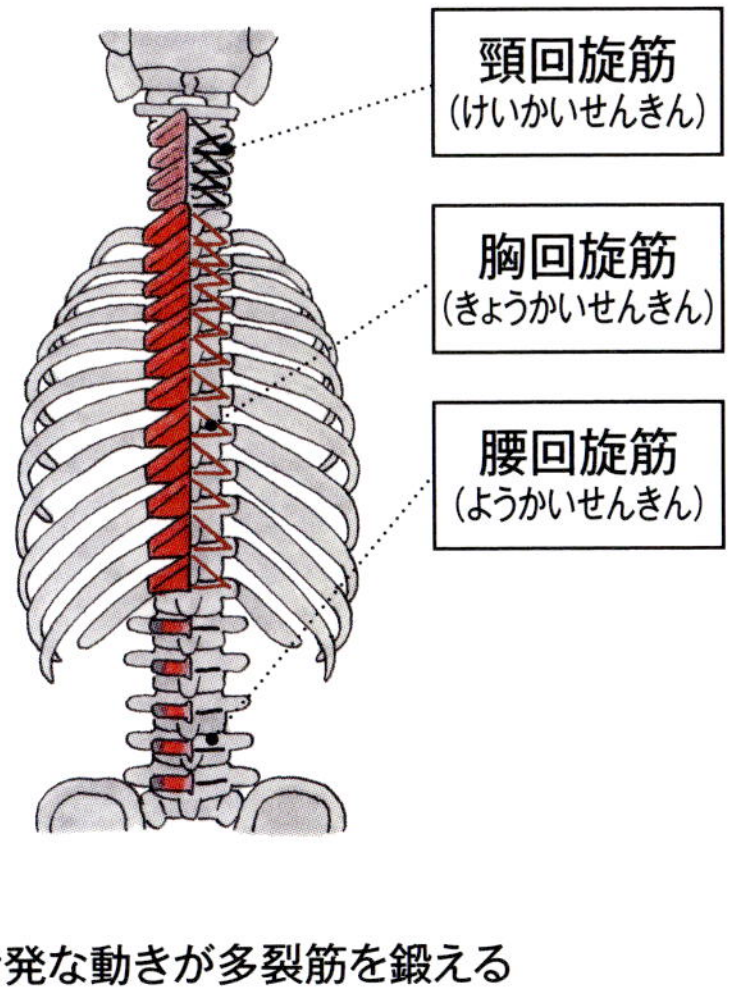

回旋筋はコアの筋肉。横隔膜と腹横筋の活発な動きが多裂筋を鍛える

「腕で打つ」感覚のまちがい

次に手足の動きを見てみましょう。背骨になんらかのクセがついていると、そのバランスをとろうとして手足にも悪い影響が出てしまうことが少なくありません。

ゴルフで「肩がやわらかいといい」ということをよく聞きます。これをコンディショニング的に言い換えると、**「腕の動きと肩甲骨の動きがスムーズに連動するといい」**ということになります。

肩甲骨は関節面をもっていないため、筋肉がつなぎとめる形で肋骨の上に乗っています。腕が動くとそれにともない、肩甲骨が肋骨の上を滑るように動くのです。肩が筋肉依存型の関節といわれるのもそのためで、鎖骨と肩甲骨と腕をつなぐ筋肉、肩甲骨と肋骨をつなぐ筋肉によって肩は支えられていま

スイングは大きく変わります

Before：肩まわりが硬くカラダをほとんどひねれていないために脚に力が入っている

After：コアトレ後は筋肉がきちんと使えてきれいに捻転。球筋が安定した

す。加えて、肩まわりには首と肩甲骨をつなぐ筋肉もあり、腕の動きは首にも影響を与えています。肩こりを『頸肩腕症候群（けいけんわんしょうこうぐん）』と呼ぶことからもわかるように、腕・肩・首は密接な関係にあるのです。

クラブを持って（負荷をかけ）腕でボールを打つ動きは、腕だけではなく肩と首の筋肉にも大きな負担をかけています。背骨を軸にカラダを回し、その動きを筋肉を使って腕に伝え、クラブヘッドを操っている。この一連の動作をイメージすることが大切です。**腕だけで打とうとすると肩甲骨が肋骨の上を無理やり動くことになり、筋肉が硬くなります。腕がカラダから離れた状態で振っている人は、筋肉に過分な負担をかけないためにも改善したほうがいいでしょう。**

また、ヒジから先を回すように使うためヒジが曲がってしまうスイングは、ヒジ痛を起こします。直立したときにヒジが曲がり、手の甲が前に向く人はとくに注意が必要です。

腕と肩甲骨がスムーズに連動すると

Before

肩甲骨が上がりすぎて首を緊張させているために捻転が起きない

肩まわりが硬く回転が浅い

After

きれいに捻転している

コアトレで肩まわりの可動域が広がりヘッドスピードがアップ

股関節は回旋を受け止める大切な関節

股関節は球関節。接合部分が球状をしているので、もっとも自由度の高い運動が可能です。ゴルフスイングでは胴体の回旋を受け止めて、背骨と股関節をつなぎとめている骨盤を動かす働きをしています。

ただし、カラダが回旋しているとき、**骨盤は回旋の動きをしていません。股関節が回ることで骨盤がきちんとうしろに引けて、回っているように見えるのです。**

この動きができていないと軸で回旋できず、カラダは横に流れてしまいます。軸がズレてしまい飛距離や球筋が安定しないのは、股関節に原因があるかもしれません。

また、本来、スイング中は下半身がなめらかに動けるようにヒザでクッションをつくっていますが、ツマ先・ヒザ・股関節のラインが崩れているとなめらかな動きができずにパワーが分散して、やはり軸がズレてしまいます。

股関節がうまく使えず軸が左右に流れている

足裏がスイングを決める

足裏は体重を支えて姿勢を決める場所で、「姿勢戦略の要」とも言われます。ゴルフスイングでも、唯一地面に接してカラダの軸を支える重要な場所です。

人間の骨格は足首から積み木のように重なり、とても不安定な状態にあります。それを支える足裏は「レセプター」という感覚受容器で地面の様子を感知し、足の裏のどこが地面についているかを把握し、姿勢が崩れないよう脳経由で筋肉に情報を送る役目をはたしています。

この大事な足裏がマメやタコ、皮むけといったトラブルを抱えていると、感覚機能が低下して情報が伝わらず、

足の構造

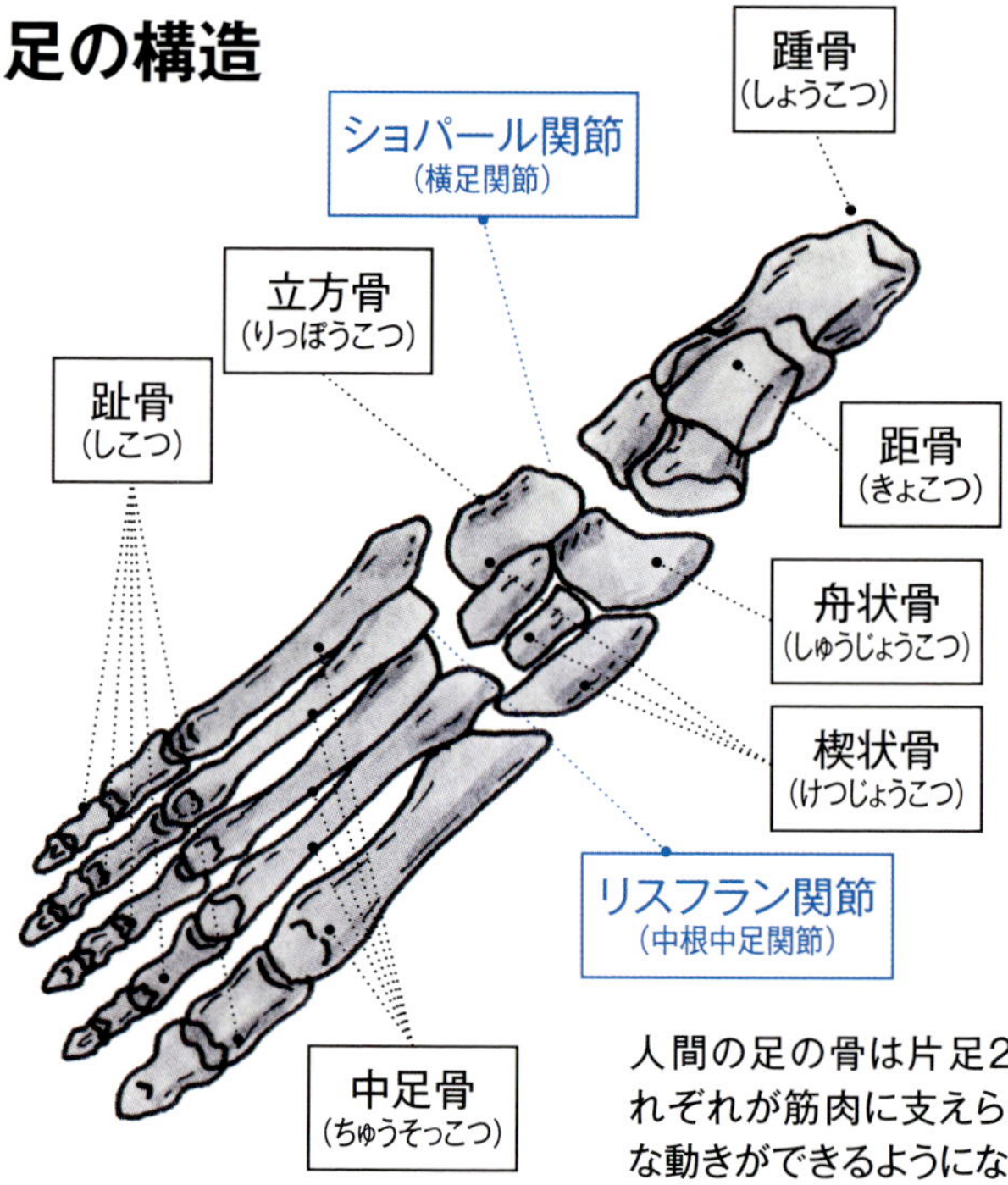

踵骨
（しょうこつ）
ショパール関節
（横足関節）
立方骨
（りっぽうこつ）
趾骨
（しこつ）
距骨
（きょこつ）
舟状骨
（しゅうじょうこつ）
楔状骨
（けつじょうこつ）
リスフラン関節
（中根中足関節）
中足骨
（ちゅうそっこつ）

人間の足の骨は片足26個。それぞれが筋肉に支えられ、繊細な動きができるようになっている

左右の足で均等にカラダを支えることができなくなってしまうのです。そうなればもちろん、いいスイングはできません。足裏のトラブルは、アドレスを不安定にしてカラダを回りにくくさせ、スムーズな体重移動を妨げます。さらにラウンド中の足の疲れも増長させます。

　また、足指は地面を押す大切な場所です。足が地面を押す力に対して、地面が足に与える反作用の力を「床反力」と言いますが、この力を利用して私たちはカラダを動かしています。

　指がきちんと地面についていないと地面を押すことができず、スイング時のフットワークを妨げます。足裏のトラブルを軽視してはいけません。

足裏のつき方で姿勢はこんなに変わる

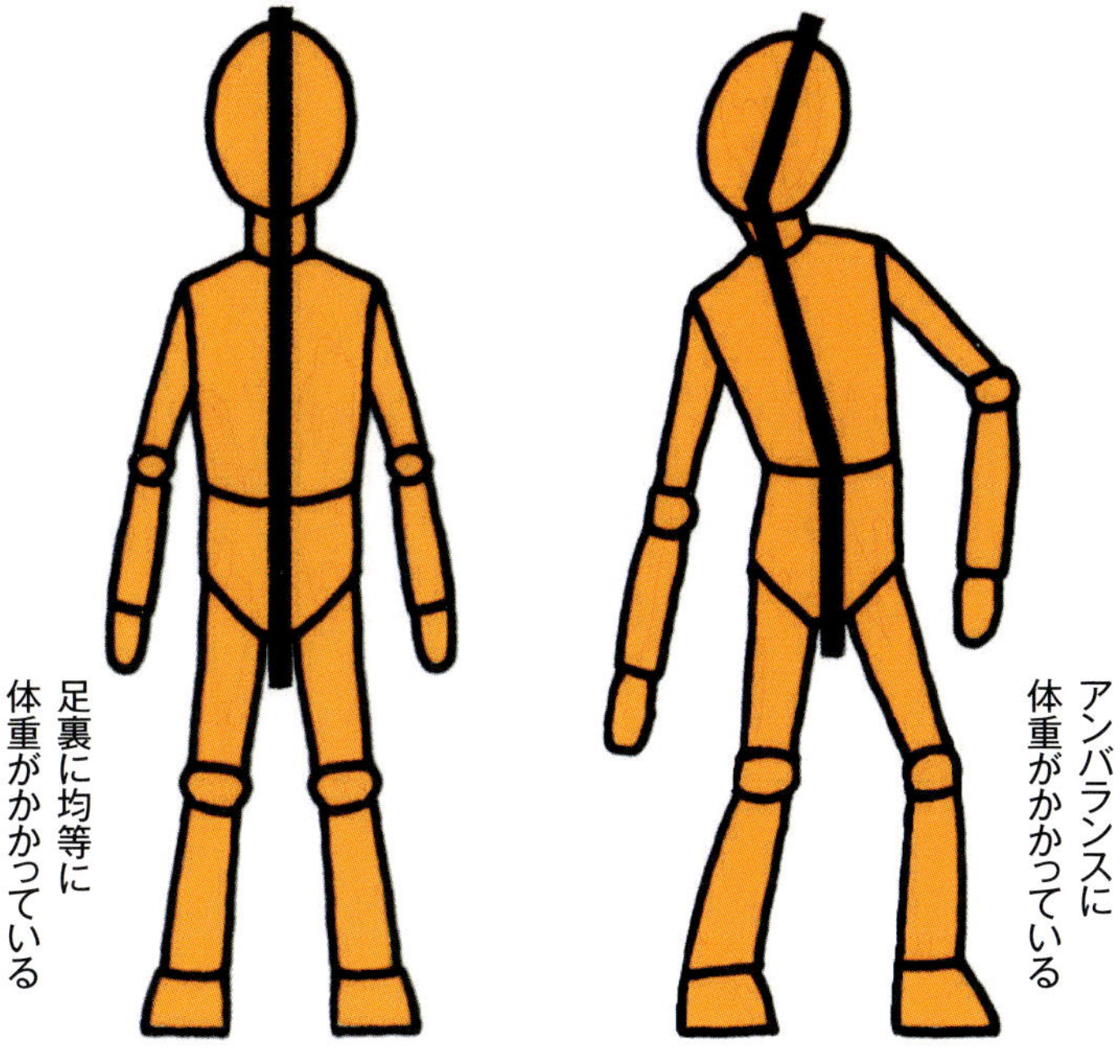
足裏に均等に体重がかかっている
アンバランスに体重がかかっている

筋肉の過緊張による信号②

股関節痛

股関節の不調は、痛みを感じるより先に、歩いているときなどに詰まった感じを訴えてくるケースが多いことが特徴です。

この詰まり感の原因は、骨盤・股関節のゆがみです。ゆがみを引き起こすのは、骨盤と脚をつなぐ筋肉、背骨と脚をつなぐ筋肉、そして腸腰筋（ちょうようきん）の使いすぎ。誤った使い方を繰り返していると筋肉のアンバランスが生じ、股関節に違和感がでます。

骨盤のゆがみと股関節の使い方には深い関係があり、またヒザや足首の使い方の影響もあるようです。この違和感が高じて股関節変形症となり、ひどくなると手術で人工関節をすすめられたりします。

これは、股関節のゆがみが先なのか、骨盤のそれが先なのか、はたまた足首なのか、卵と鶏のようなものですが、どれが先だとしても、痛みが起きると歩行に大きな影響を与えます。

ゴルフは歩く競技です。歩くクセによって、左右の脚の動きに差が生じてどちらかの股関節に負荷がかかり、骨盤の左右差につながることがあります。歩くときは体重の2～3倍、走ったりジャンプするときは、コアの安定次第ですが体重の10倍もの負荷が下半身にかかります。体重50キロの人で５００キロの負荷というわけです。瞬間にかかる負荷ですが、この大きな負荷のくり返しで骨格にゆがみを生じさせているのです。

股関節痛予防のコンディショニング

リセット　脚クルクルトントン(P.64)、足首グルグル(P.67)
アクティブ　レッグカール(P.65)、アブダクション(P.65)、アダクション(P.66)

第3章

コンディショニング実践編

コンディショニングとは？

コンディショニングとは「筋肉を整える手法」のことです。具体的には、カラダを本来あるべき状態に戻す「リセットコンディショニング（Reset Conditioning）」と、トレーニングとなる「アクティブコンディショニング（Active Conditioning）」というふたつのステップで行います。人体に650個ある筋肉の調整と再教育をして、「Good Condition」を実現するメソッドです。運動といってもカラダの調子をよくしてくれるものであって、苦しいもの、耐えるものではありません。いわば「がんばらない運動」がコンディショニングです。

リセットコンディショニング

筋力を回復させ疲れをとる

＝

筋肉の弾力を取り戻す

リセットコンディショニングとは、硬くなっている筋肉を（使えていても、使えていなくても）使いやすい弾力のある状態に戻す方法です。

この原理は、睡眠時に「寝返り」によって疲労回復する方法の再現です。人間は寝ている時間に疲労回復します。このとき、寝ている状態という無意識下で寝返りによって関節を動かすことで、筋肉は疲労回復すべく緊張を解いていきます。筋収縮が起きない（力を出さない）状態で関節が動き、疲労が回復していくのです。この状態が筋肉に弾力を取り戻させてくれます。

しかし、ほとんどの人は筋肉を酷使していたり、睡眠環境がよくないことで、睡眠時に筋肉が回復できていない状態になっているのが現状。そこで、寝返りを疑似して関節を動かすリセットコンディショニングによって、疲労を回復することが必要です。できるだけ脱力をして、たとえば脚なら手で他動的に動かしたり、肩や背骨なら他の部位に意識を向けて受動的に動かしたりします。力を発揮しないことが大事なので、動かし方は小さな動きになります。

リセットコンディショニングを行うことで、筋肉と筋膜の間や関節に隙間ができ、血流が増します。その結果、動きやすい筋肉に戻るのです。ドクターとの研究で、筋力が40%回復することもわかっています。筋力がアップしたわけではなく、力が出せなくなっていた筋肉が働くようになって回復したということです。

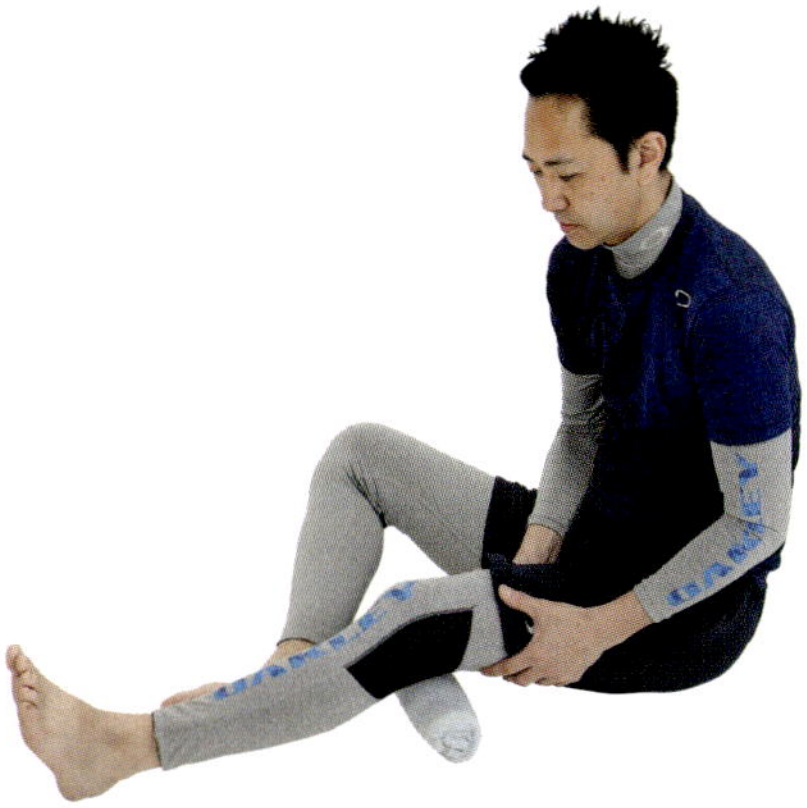

リセットコンディショニングのポイント

❶ 筋肉に意識を向けない

筋肉は、意識を向けると収縮しようと緊張してしまう。緊張した筋肉でいくらコンディショニングをしても、リセットの効果は期待できない。重力から解放されて、関節がもっている本来の可動域を取り戻すイメージで行おう。

❷ 脱力して小さく関節を動かす

コア（深層筋）は、脱力して小さくブラブラ動かすのが基本。緊張がとれていく仕組みを筋肉に疑似体験させることで、関節の可動域が広がっていく.

❸ 回数にはこだわらない

リセットコンディショニングの１セットの回数の目安は10～30回だが、これにこだわる必要はない。動きに慣れてくると、リセット感覚がわかるようになってくる。

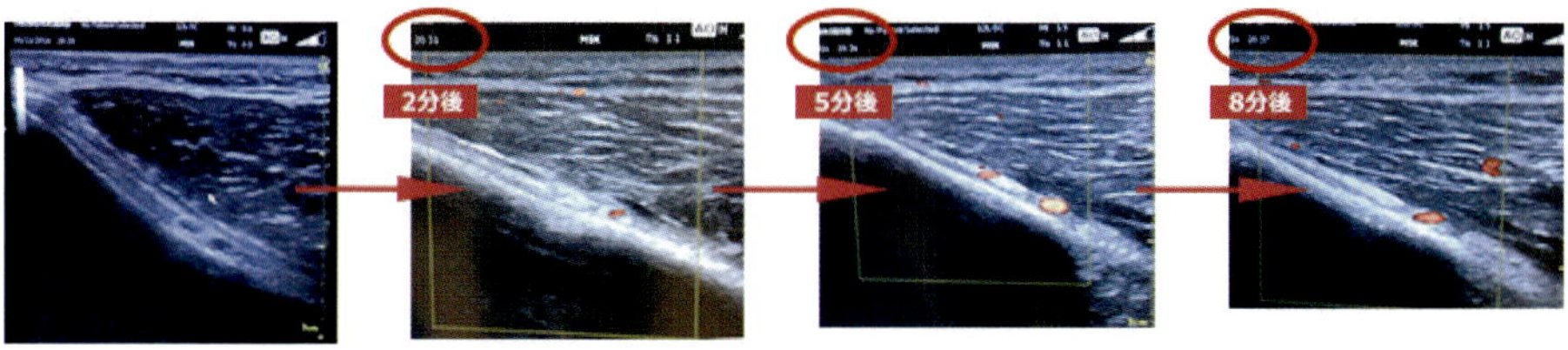

「脚クルクルトントン」による内側広筋（ないそくこうきん）の変化。動脈枝に血流・環流範囲が増加し、ヒザ伸展筋力が前後比較で40%アップした（健常成人男性の例。結果には個人差があります）

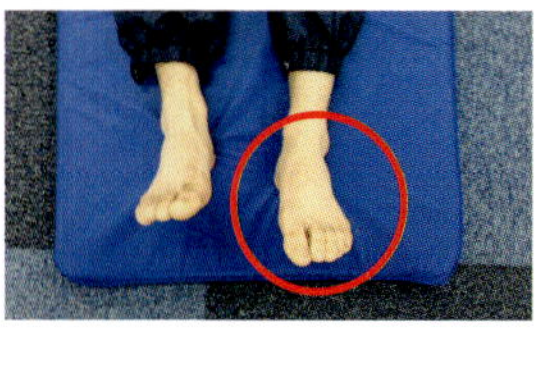

左脚は「脚クルクルトントン」を行った後の状態。コアトレを行っていない右脚と比べると、脚が長くなり、足首がやわらかくなっているのがハッキリわかる。カンタンな動きで筋肉を整えるだけで、カラダは驚くほど変化する

アクティブ
コンディショニング

呼吸をきちんと行うこと

＝

筋肉を働かせること

アクティブコンディショニングは「筋肉の再教育」とも言われ、使えていない筋肉を使えるようにすることが目的です。リセットコンディショニングとは違って、筋肉に意識を向けるのがアクティブコンディショニングの特徴で、手足に体重をかけない状態（オープンキネティック）で筋肉を意識的に動かすことで、脳からの命令を受け取る感覚受容器の働きを目覚めさせ、筋肉がきちんと動くようにしてくれます。

　コアの筋肉の再教育をしてまず大切なことは、きちんと息を吐けるようにすることです。息を吐くことで、腹横筋という筋肉が働きます。腹横筋が働くと、多裂筋と骨盤底筋群が働き、カラダの軸が安定するのが人間の仕組みです。多裂筋がきちんと働くことで、ゴルフスイングでは回旋動作がうまくいくようになります。

　息を吐いて軸を安定させることは、人間が本来もっている反応ですので、これをしっかり取り戻すと自然に軸が安定してきます。これだけでも飛距離がアップするゴルファーは大勢いるはずです。

　アクティブコンディショニングでの筋肉の変化を目で見ると、左ページ下の写真のように腹横筋が分厚くなります。息を吐くことで腹横筋が働き、多裂筋が椎間を安定させ、骨盤底筋群が骨盤を安定させる。こんな連動が起きるのです。その結果、20％～40％の筋出力のアップが図れます。

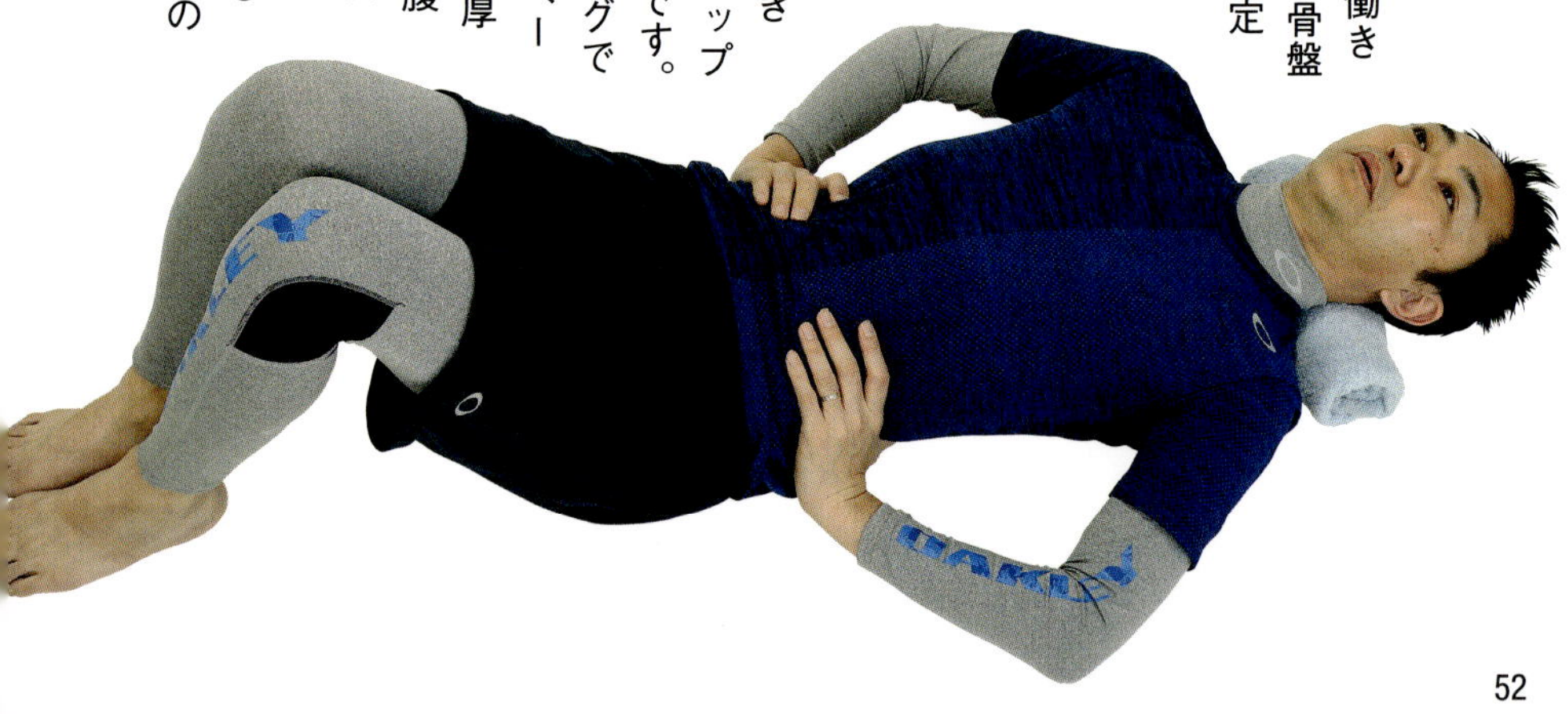

アクティブコンディショニングのポイント

❶ 正しいフォームで行う

正しいフォームで行うことで、各部位の連動がスムーズになる。それを再教育することが大切。

❷ 回数に注意

アクティブコンディショニングは1セット20～30回以上行う（最初は分けて行ってもOK）。筋持久力アップが目的だ。ただし、くり返すうちにフォームが乱れるので、最初は少ない回数でもよい。

❸ 息を吐きながら動かす

呼吸でコアを安定させ、動作も呼吸とともに行う。赤ちゃんが泣いて強制的に呼吸をして“コアのトレーニング”をしているのと同じ状態をつくる。息を吐くことでカラダの軸（姿勢）が安定し、力を発揮しやすくなる。

❹ 動かす筋肉を意識する

フォームに気をつけて、使いたい筋肉を意識して動かすことで、正しく動かすことをカラダに再教育する。「意識すること」がとても大切。筋肉を意識しづらい場合は、その部位を触ったり、意識しやすい別のトレーニングを検討しよう。

ヒザの位置が高い

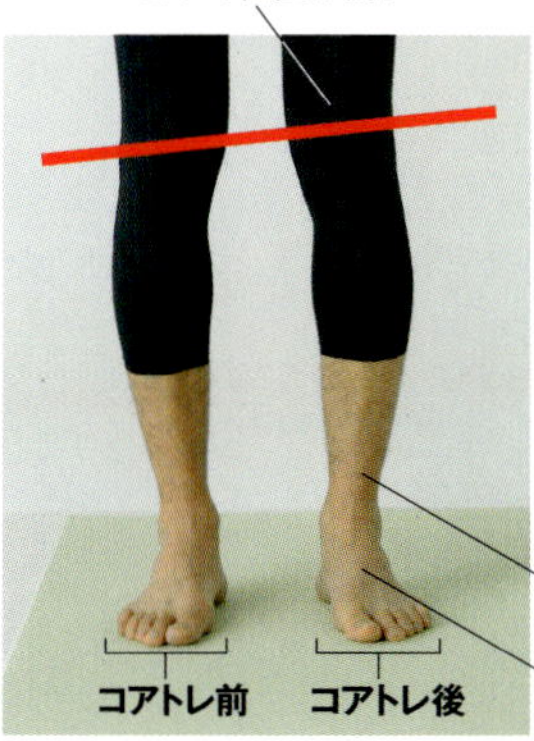

足首が細くふくらはぎが引き締まっている

肌の色が明るい

効果をたしかめよう!

コアトレメニューを実践したら、必ず自分の変化をたしかめよう。ヒザの位置、血色、手足の長さなど、目に見えて変化を実感でき、やがて筋肉が最高の状態をキープできるようになる

Before　**After**

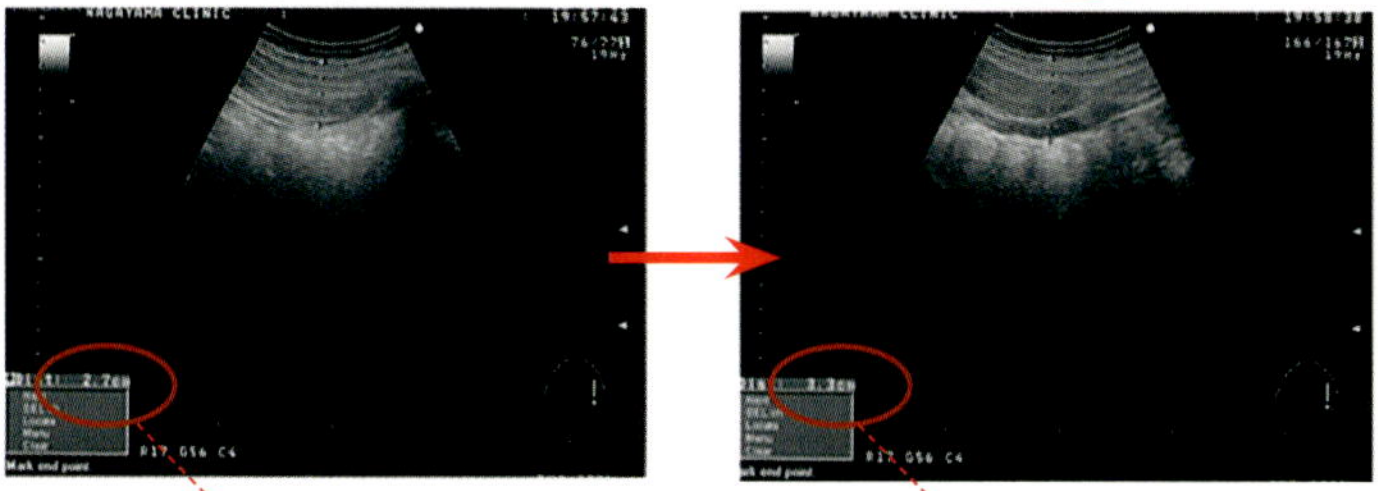

2.7㎝　3.3㎝

「ストロングブレス」を行った際の腹膜筋の変化。筋肉が6ミリ厚くなり、腹囲が2センチ減った

1 胸椎クルクルトントン リセット

スイングの最重要部分である胸椎・肩甲骨まわりを整える

①あおむけに寝て、首の下にタオルをまるめて入れ、ヒザを立てる。両腕を天井に向けて上げる

②両手を上下に上げる。次に左右交互に上げる

③腕の角度をいろいろ変えて行うと、肩甲骨まわりの筋肉をくまなくリセットできる

上半身が硬いと正しいスイングはできません。そこで、筋肉をリセットすることからはじめましょう。「胸椎クルクルトントン」はスイング動作でもっともよく使い、使うほど緊張がたまっていく肩甲骨と、肋骨まわりの筋肉をリセットして整えます。「とくに肩がよく回らず、ダウンスイングでクラブがアウトから下りる人、トップやスライスがよく出る人、インパクト以降で左ヒジが引けてしまう人に効果的」（濱田）。呼吸も深くなり、寝る前に行うと深く睡眠できるようになります。

リセット後、背中がべったりと床につく感じがあればOK

Point

- 1セット10～30回程度
- 筋肉にはできるだけ意識を向けない
- ラウンド前夜に行うとよく眠れ、当日朝ならリラックス、ラウンド後はクールダウンできる

濱田の分析 スライスやトップが出がちな人は念入りに。上半身がやわらかくなって肩がよく回るようになる

2 腰椎クルクル リセット

体幹全体の筋肉を整えてスイングのブレを改善

軸がゆがんでいると肩が十分に回らなかったり、頭が左に突っ込んだりして、ヘッドスピードが上がらないのはもちろん、スライス、トップ、ダフリなどのミスの原因になります。また、せっかくのクラブの機能も生かすことができません。「腰椎クルクル」で軸を整えると、回旋運動がスムーズにできるようになり、リキみがとれて軸が安定。スイング軌道のブレを解消できます。

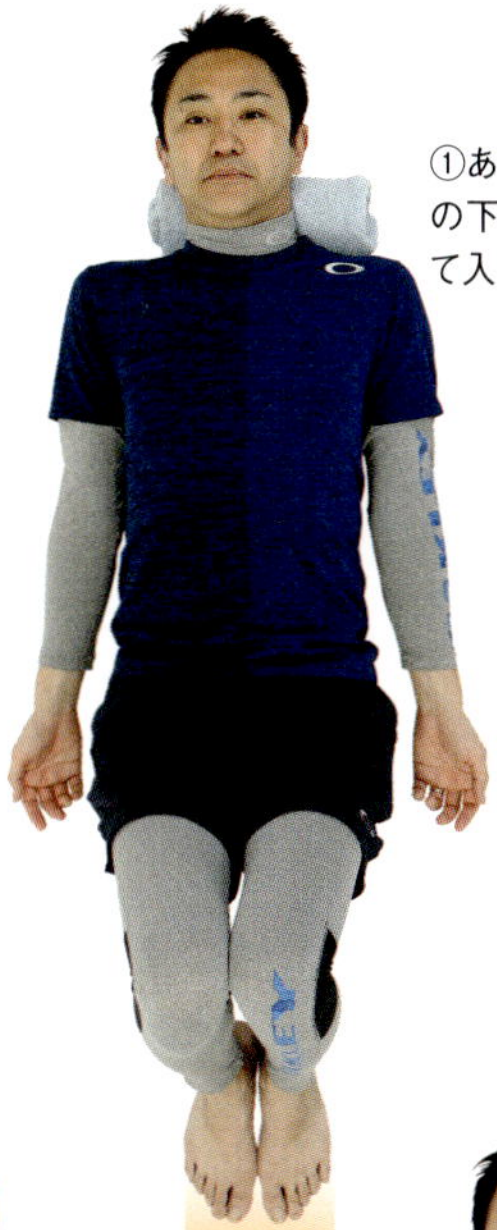

①あおむけに寝て、首の下にタオルをまるめて入れ、ヒザを立てる

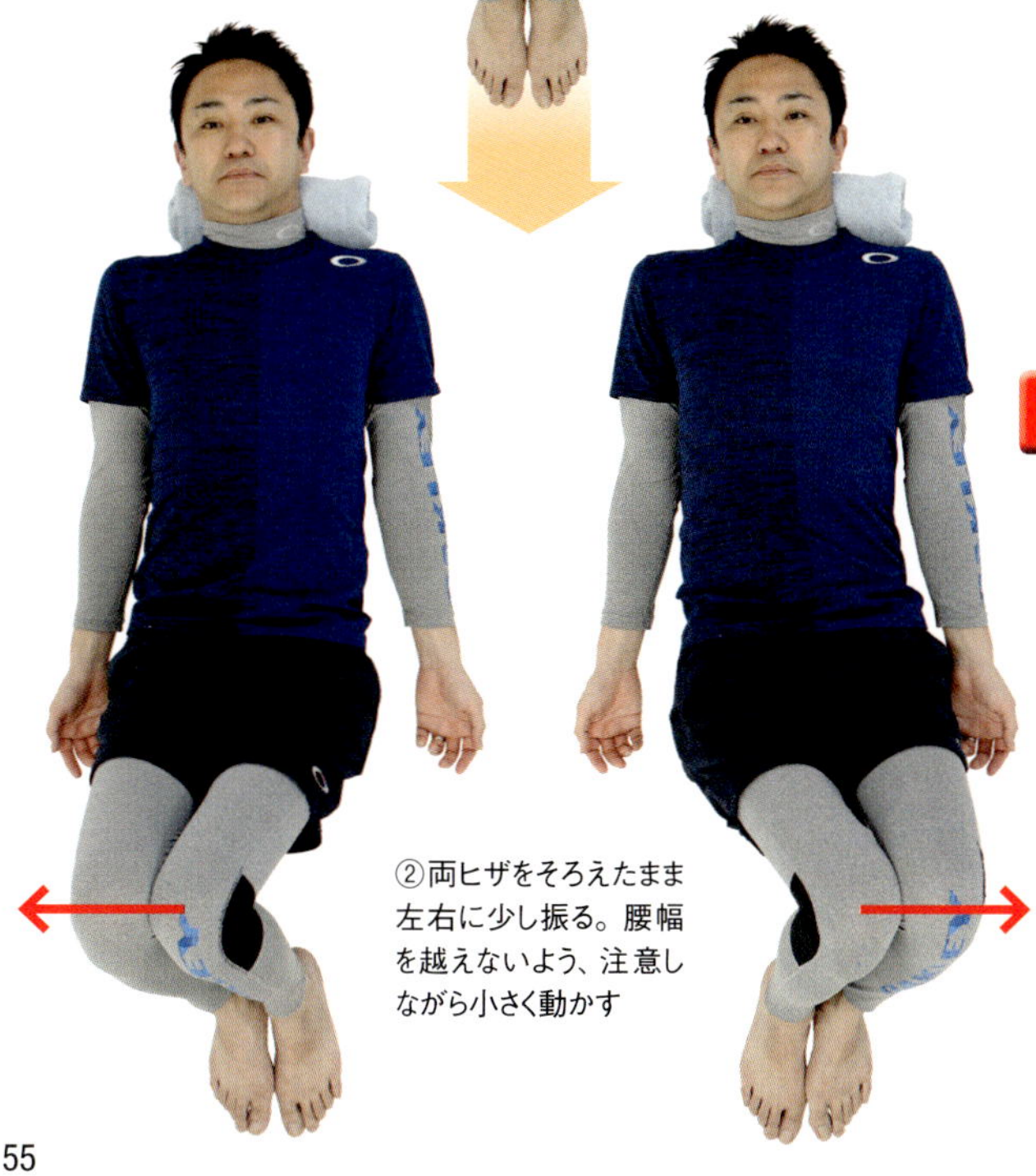

②両ヒザをそろえたまま左右に少し振る。腰幅を越えないよう、注意しながら小さく動かす

Point

- **1セット10～30回程度**
- **筋肉にはできるだけ意識を向けない**
- **下肢の不安定な人にオススメ（股関節の動きが悪い人／44ページ）**

濱田の分析 **とくにバックスイングで右に軸がブレる人にオススメ**

3 腰椎トントン リセット

骨盤・腰椎まわりを整えてスイングを改善

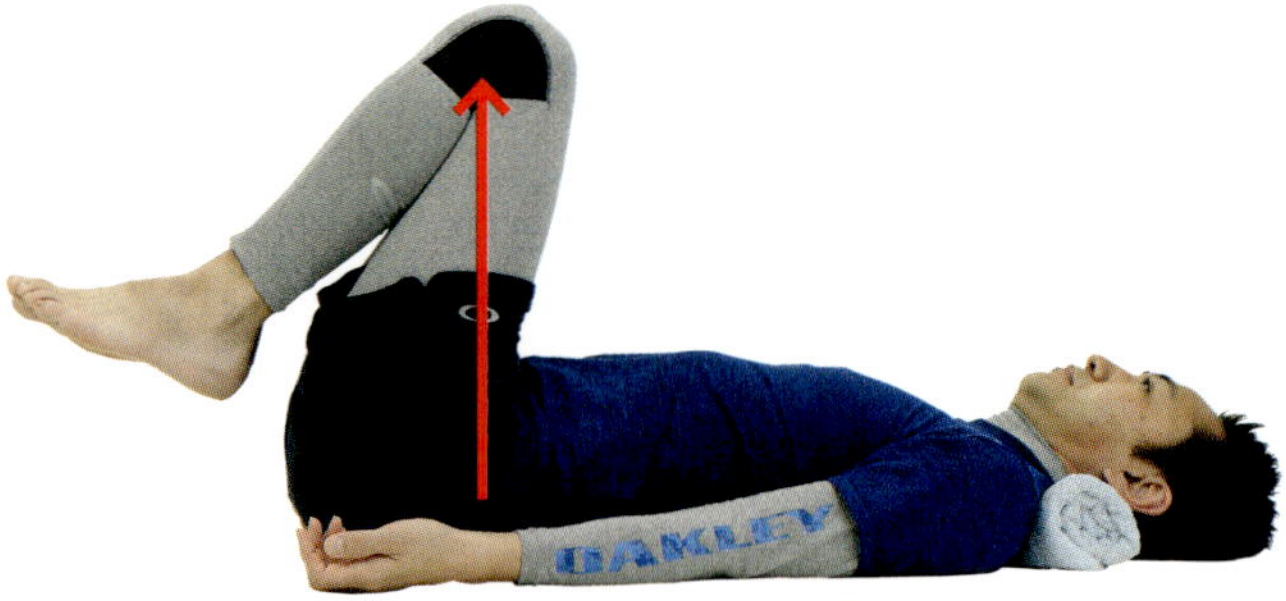

①あおむけに寝て、首の下にタオルをまるめて入れヒザを立てる。太ももが床に対して垂直になる位置まで両脚を上げる

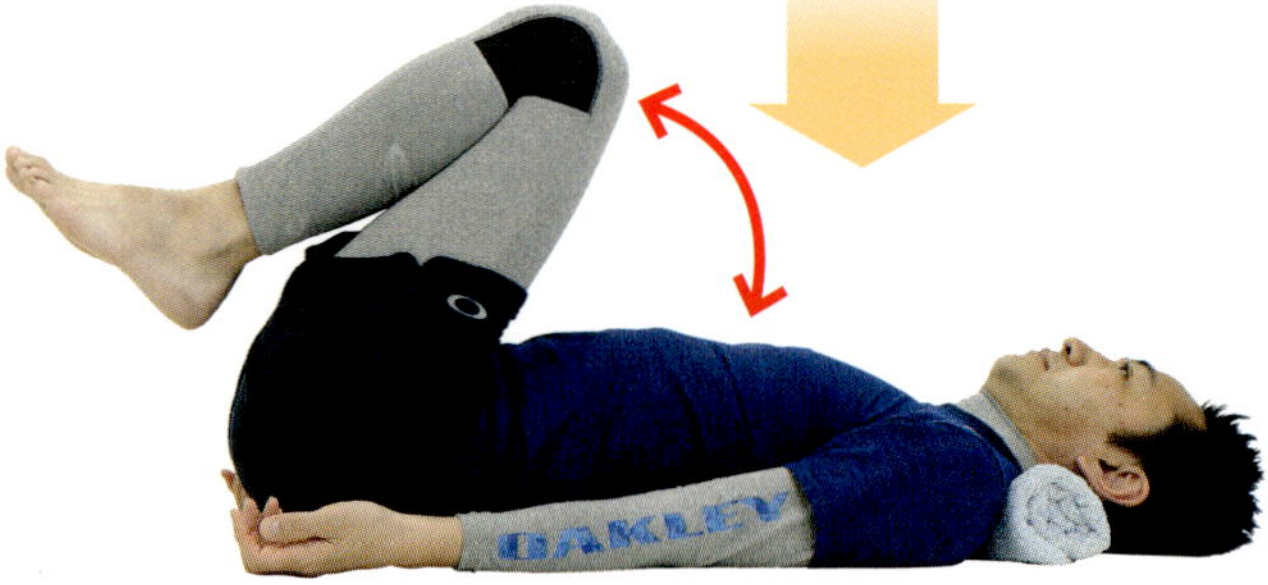

②息を吐きながらゆっくりと、両ヒザを胸に向かって引き寄せ、息を吸いながら戻す。これをくり返す

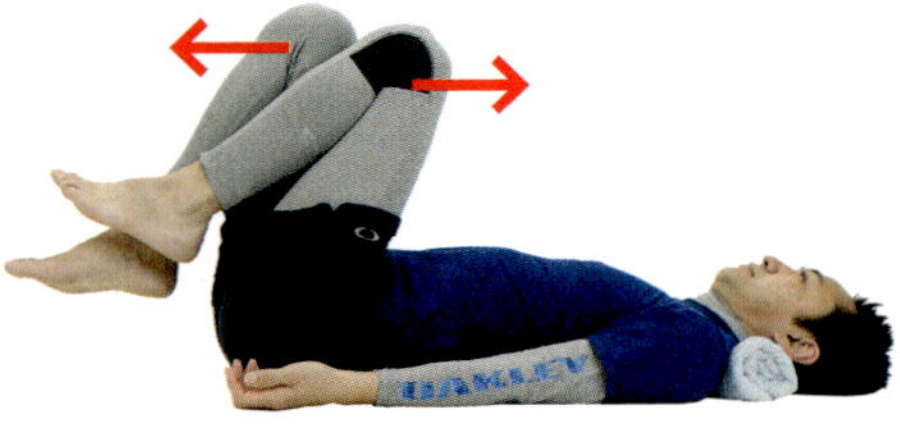

ヒザを交互に動かすことも、効果的なリセットになる

リセット後、腰が床にラクにつくようになればOK

Point

- **1セット10～30回程度**
- **小さな動きでヒザを動かすイメージで**

濱田の分析 ダフリ、トップなどミスが定まらない人は動きづらいことが多いので、このトレーニングはとくにオススメ

4 股関節グルグル リセット

股関節が詰まって回らない、動きに左右差がある悩みを解決

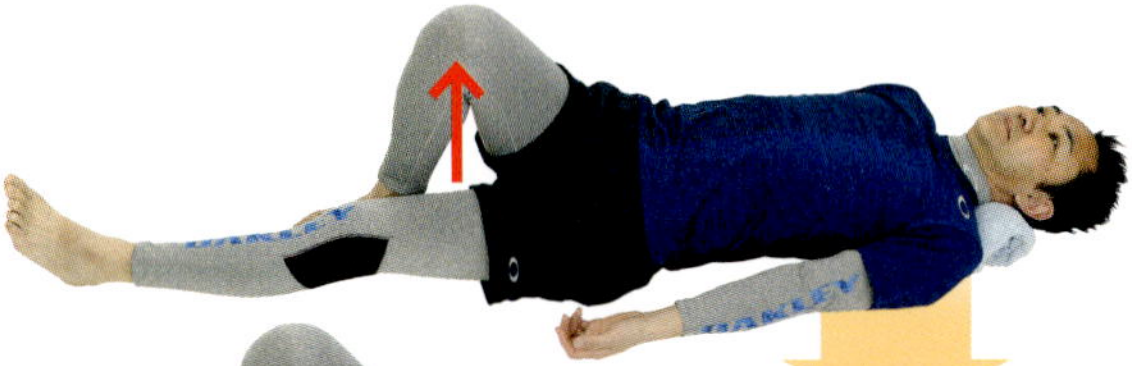

①あおむけに寝て、首の下にタオルをまるめて入れ、片ヒザを立てる

②伸ばした脚のツマ先を内側へパタンと倒す

③カカトを床に滑らせながら、反対の脚のヒザ方向へ引き寄せる

④両ヒザが当たったら今度はヒザを外側へ倒す

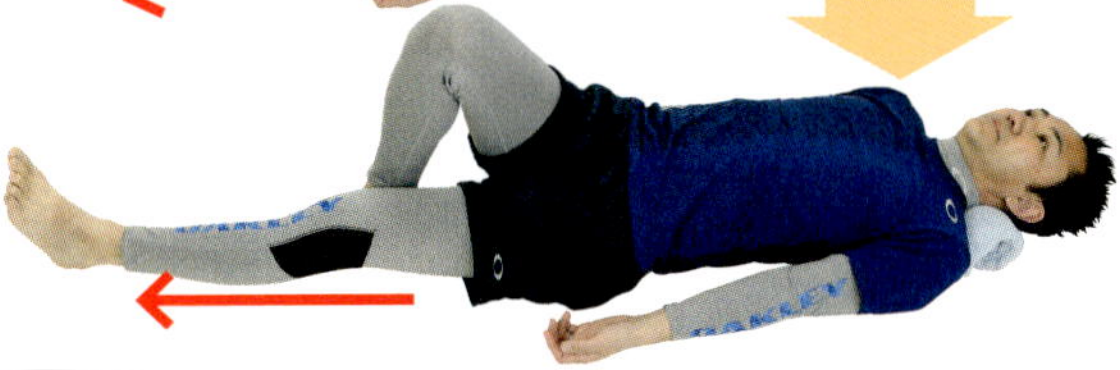

⑤カカトを滑らせながら再び脚を伸ばす。この一連をくり返し、反対側も行う

小さな動きでも骨盤が動きます。脚を小さく動かしましょう。左右の骨盤の高さ、ゆがみが減っていれば成功です

Point

- **1セット10～30回程度**
- **骨盤の出っぱっている骨と、ヒザ、足の中指が一直線になるように動かしていく**

濱田の分析 **過剰にフェースが返ってヒッカケが出やすい人は、とくに重点的に行うといい**

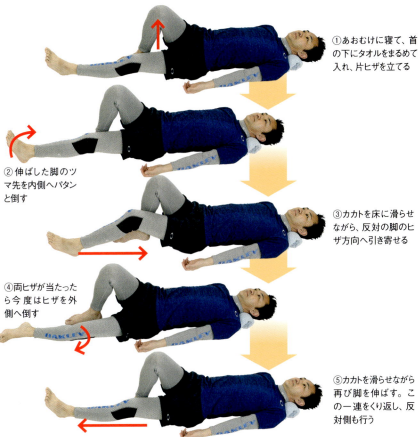

5 胸椎クルクルトントン（立って） リセット

胸椎まわりを整えて上半身の動きをスムーズに

Point

- ●1セット10～30回程度
- ●体重がツマ先やカカトにかかるのはNG。土踏まずにかけること
- ●ラウンドの途中、ベンチなどにすわって行ってもOK。肩まわりがラクになる

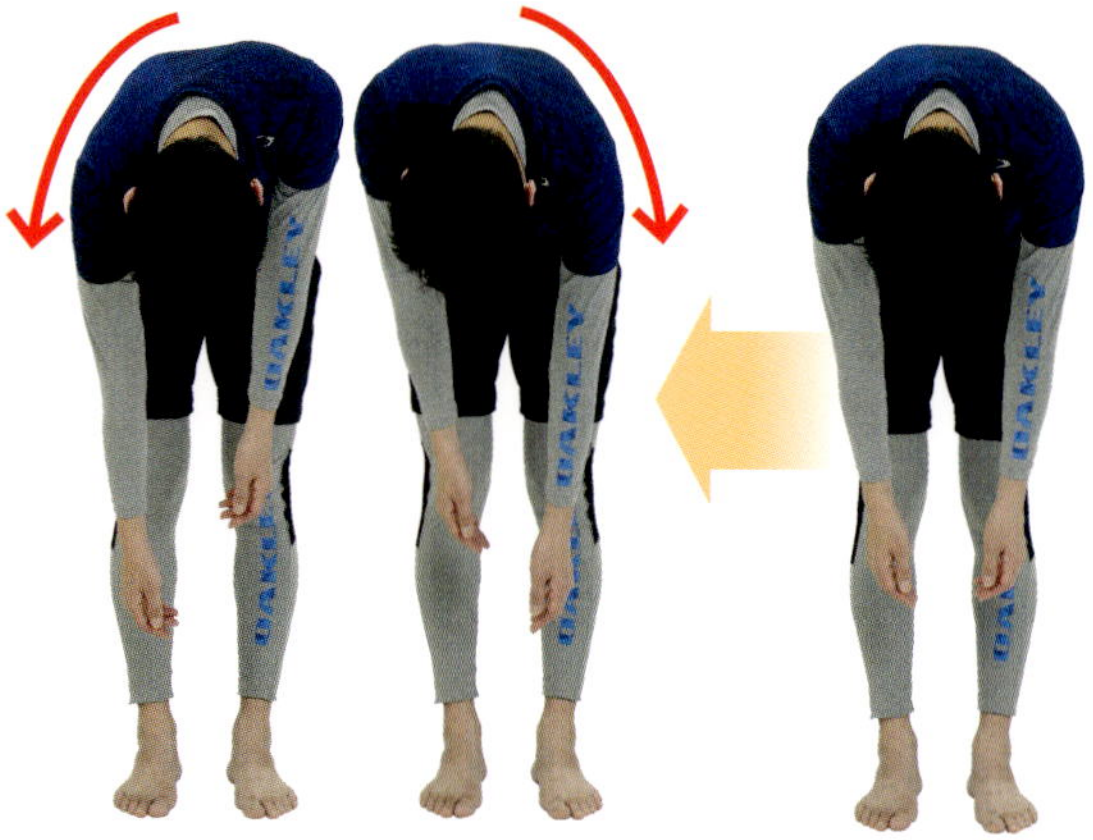

②肩甲骨で動かすイメージで、両腕を上下させる

①脱力して前かがみになり、両腕を自然に垂らす

6 鎖骨プッシュ リセット

首まわりをリセット。肩コリにも効果あり

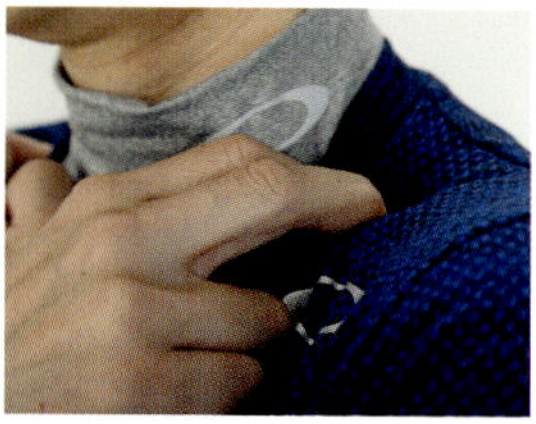

鎖骨のくぼみ部分に指をしっかり圧しあてる

Point

- ●1セット10～30回程度
- ●鎖骨の奥に指をしっかり圧しこむ
- ●肩から力を抜き、首をリラックスさせて動く
- ●頭の位置が不安定な人にオススメ

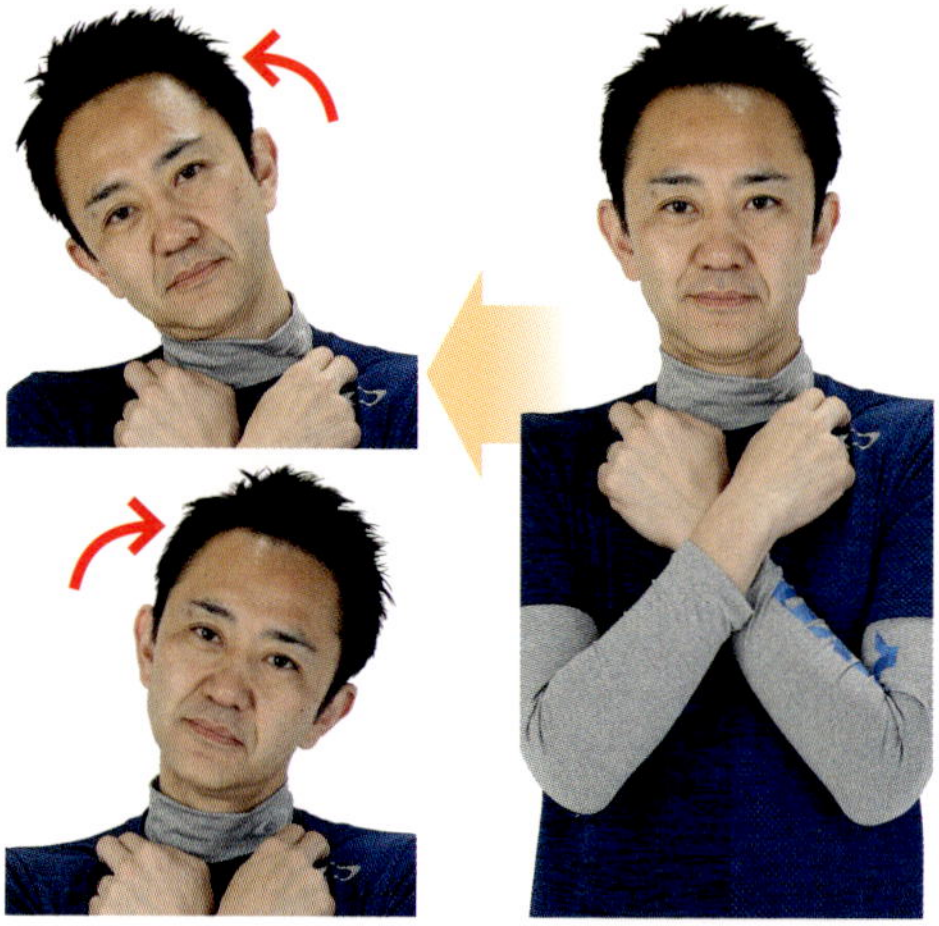

②首をラクにして左右に倒す

①鎖骨のくぼみに指をグッと圧しあてる

7 肋骨下スリスリ リセット

横隔膜と腹膜筋をリセット。呼吸がラクになりコアの筋肉が整う

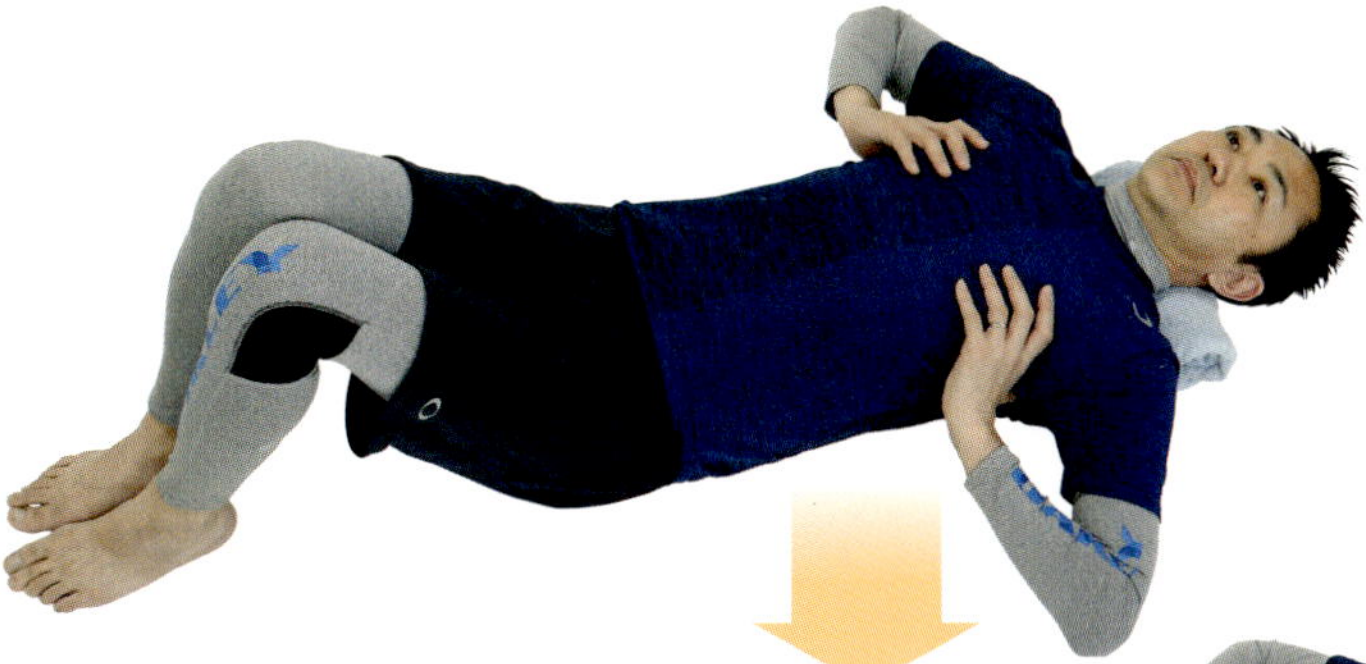

①あお向けになり、首の下にまるめたタオルを入れる。ヒザを立て、両手を肋骨の上部にあてる

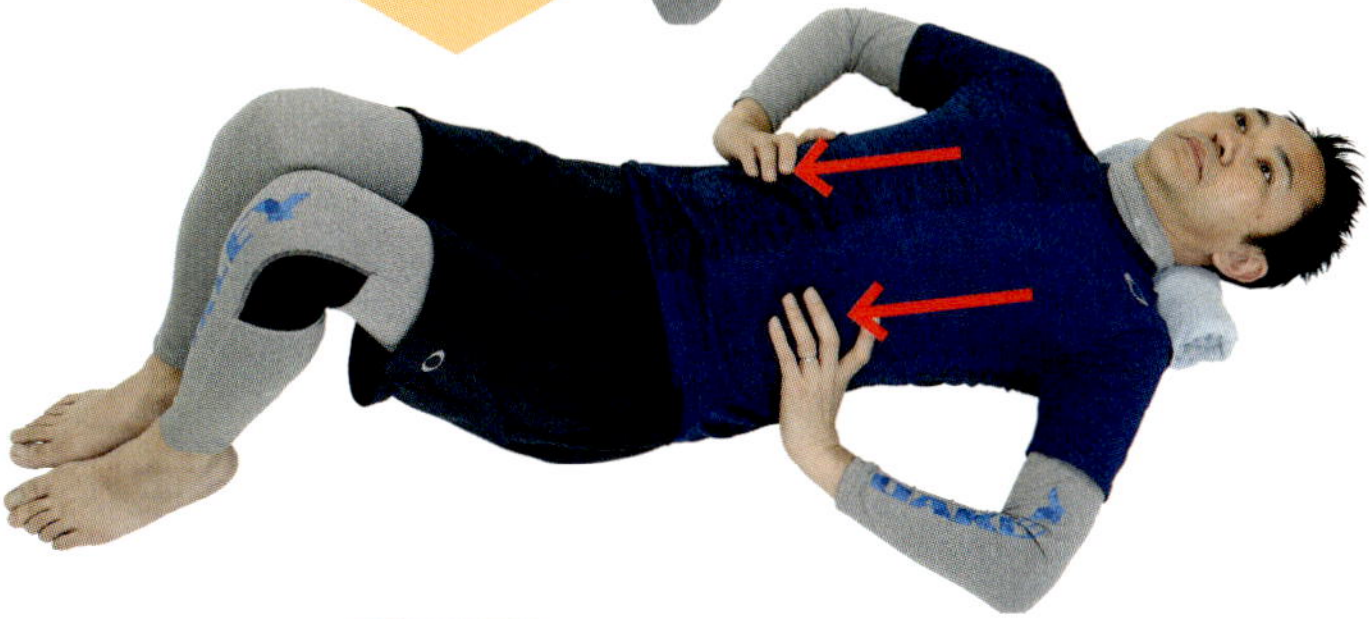

②息を吐きながら肋骨を手のひらで圧え、下へ圧し動かす。①②をくり返す

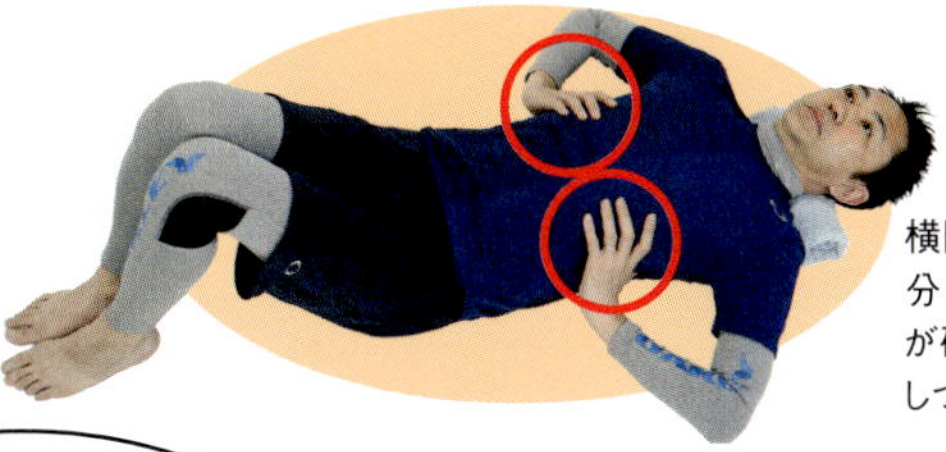

横隔膜と腹膜筋が重なっている部分(肋骨下部)はていねいに。ここが硬く、動かないと、正しい呼吸がしづらい

肋骨下部を手で
カラダの中に圧し動かす
ようにすると効果的です

Point

- **1セット10〜30回程度**
- **胸郭下部の動きを手でアシストして圧し動かすことで、効果的にリセットできる**

アクティブコンディショニング

1 アブブレス・ストロングブレス アクティブ

呼吸でコア・体幹を鍛え、スイング時のカラダの安定感を身につける

腹式呼吸というと、おなかを膨らませたり縮めたりする呼吸を思い浮かべるかもしれませんが、体幹を鍛えるために動かさなければならないのはおなかの横側にある腹横筋です。腹横筋をきちんと使って呼吸することを覚えましょう。おなかが横に広がっていくイメージで息を吸い込み、吐くときにはおなかを中央に集めるイメージで行います。

①あおむけに寝て、首の下にタオルをまるめて入れてヒザを立てる。脚を閉じ、両手でウエストを挟む

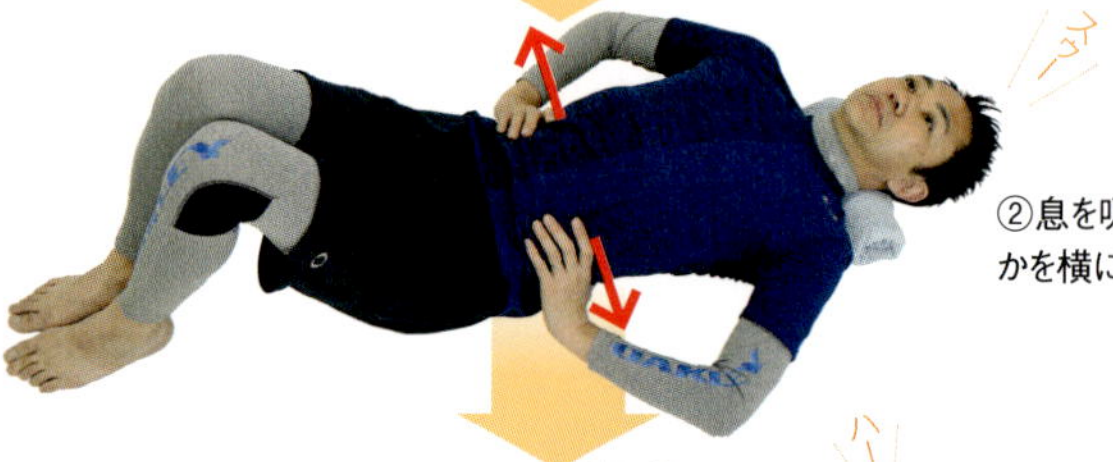

②息を吸いながらおなかを横にふくらませる

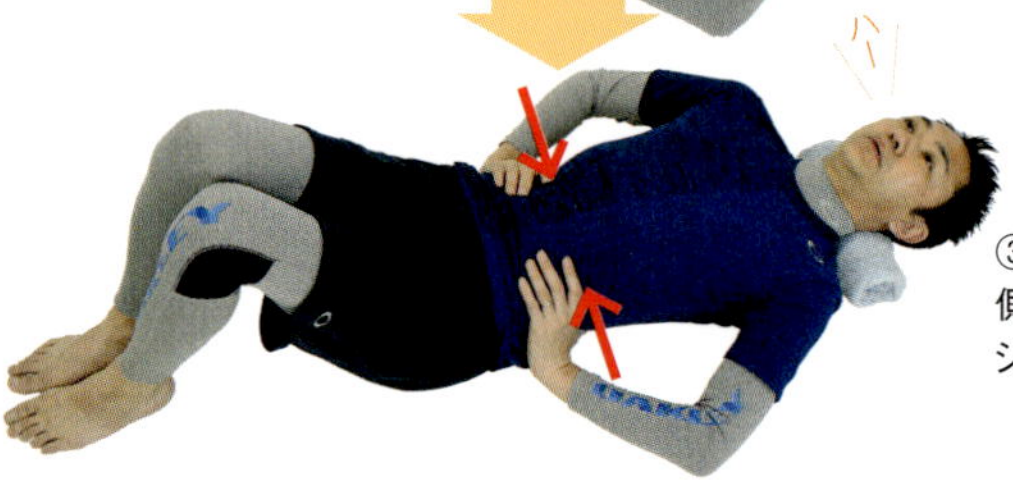

③手でウエストを内臓側に縮めていくイメージでゆっくり息を吐く

ストロングブレス　次に同じ要領で呼吸の仕方を変え、「ストロングブレス」を行う。1回吸って、短く・強く5回吐く。腹筋全体のトレーニング。

おなかが横に広がるイメージで息を吸い、息を吐きながらおなかを中央に集める感覚で

Point

- **1セット20～30回以上**
- **横腹をへこませる呼吸を意識して、息を70%吐く（腹横筋を使う）**
- **息を１００%吐き切ることで、腹横筋と内外腹斜筋と腹直筋もトレーニングできる**
- **首に力が入るときは呼吸を小さめにする**

2 フェイスダウンブレス アクティブ

腹圧を入れた状態で多裂筋を強化

Point

- **1セット20～30回以上**
- **おへそをタオルから引き上げる意識で**
- **多裂筋のトレーニング。身長が伸びるイメージで**

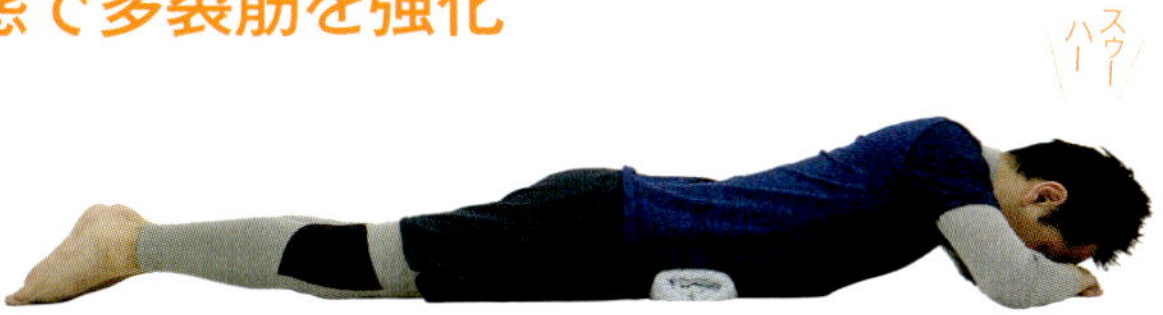

①うつぶせに寝て、おなかの下にタオルをまるめて入れる。この姿勢で息を吸いながらおなかをふくらませ、息を吐きながらおなかをへこませる

②次に肩の真下の位置にヒジをつき上体を持ち上げる。このポジションで①と同じように呼吸をする

おなかを床から離すイメージで。背筋をまっすぐに伸ばして呼吸をしましょう

3 サイドベント アクティブ

上半身と下半身をつなぐ筋肉を鍛え、カラダの傾きを調整

Point

- **1セット20～30回以上**
- **体側の筋肉の左右のバランスを整える**
- **ウエストを縮ませるイメージで**

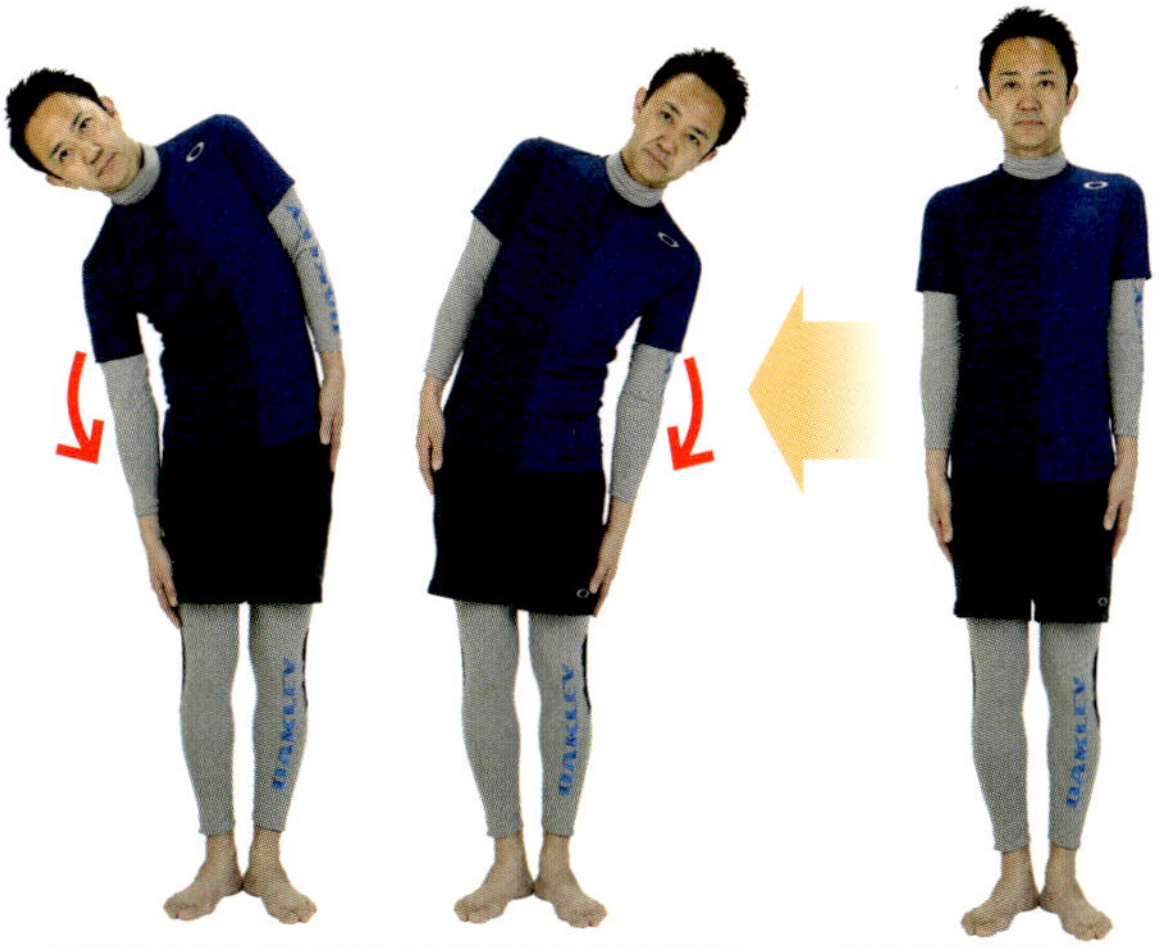

①ラクな姿勢で立つ。手は体側に

②息を吐きながら左手で左の太ももを上下にさすりながらカラダを左に倒す。右側も同様に

4 スタンディングツイスト アクティブ

回旋の筋肉を鍛え、安定した軸を手に入れる

Point

- 1セット20～30回以上
- カカト、おへそ、眉間とカラダの軸を意識する

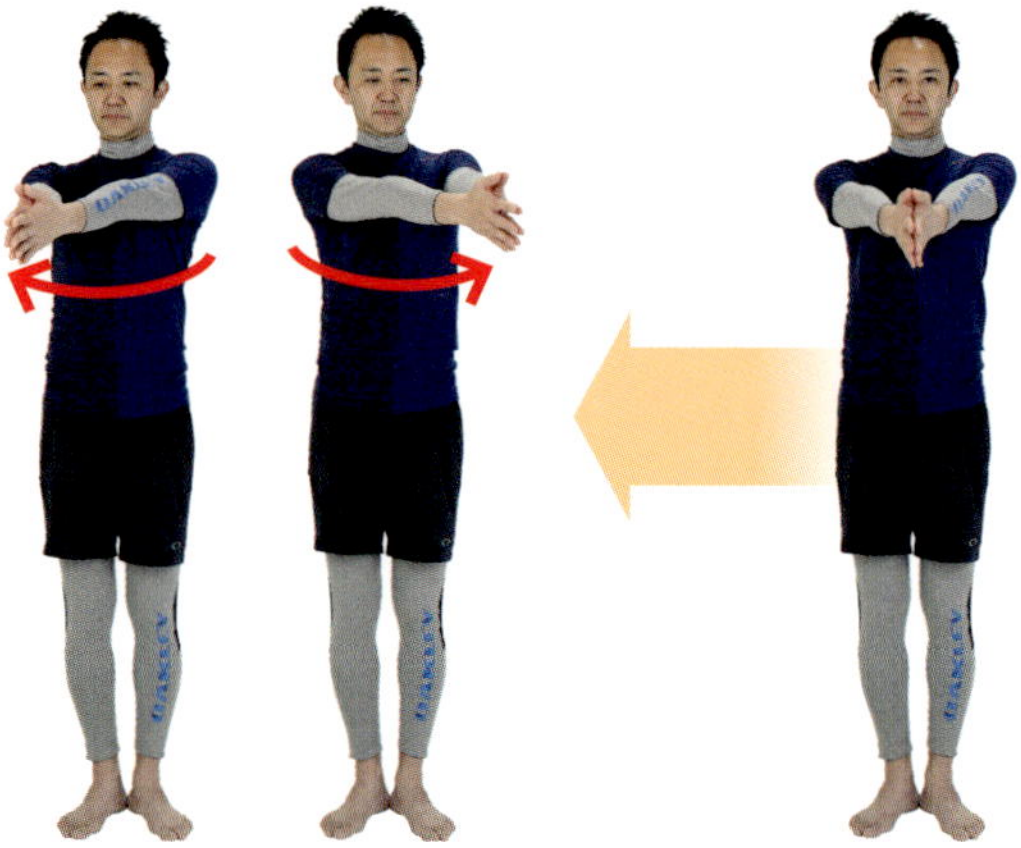

②腰幅の範囲で手を左右にゆっくりスイングさせる

①左右のカカトをつけて直立し、ツマ先を外側に向ける。両腕を伸ばして胸の高さに上げ、手のひらをカラダの中心で合わせる

5 視線の反射による回旋のトレーニング

鈍くなった筋肉が活性化 スイングの左右差が整う

アクティブ

Point

- 1セット5回程度
- 筋反射に深く関係している視線を利用。視線の働きで筋肉の動きを改善する
- 回旋が浅いと感じるほうの反対側に視線を動かす
- ラウンド中、カラダが回らないと感じたらいつでもやろう

①肩の高さで両手を合わせる

②その状態のまま視線だけを片方に動かす

6 ネックエクステンション アクティブ

首の筋肉を鍛え、頭部の安定をはかる

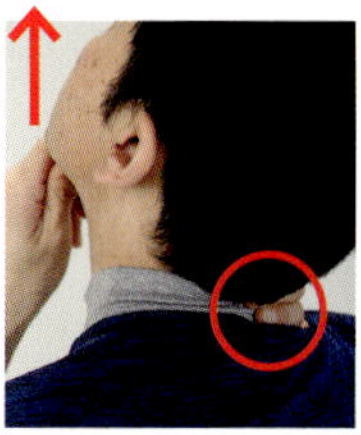

首を圧えながらアゴを上に押してサポート

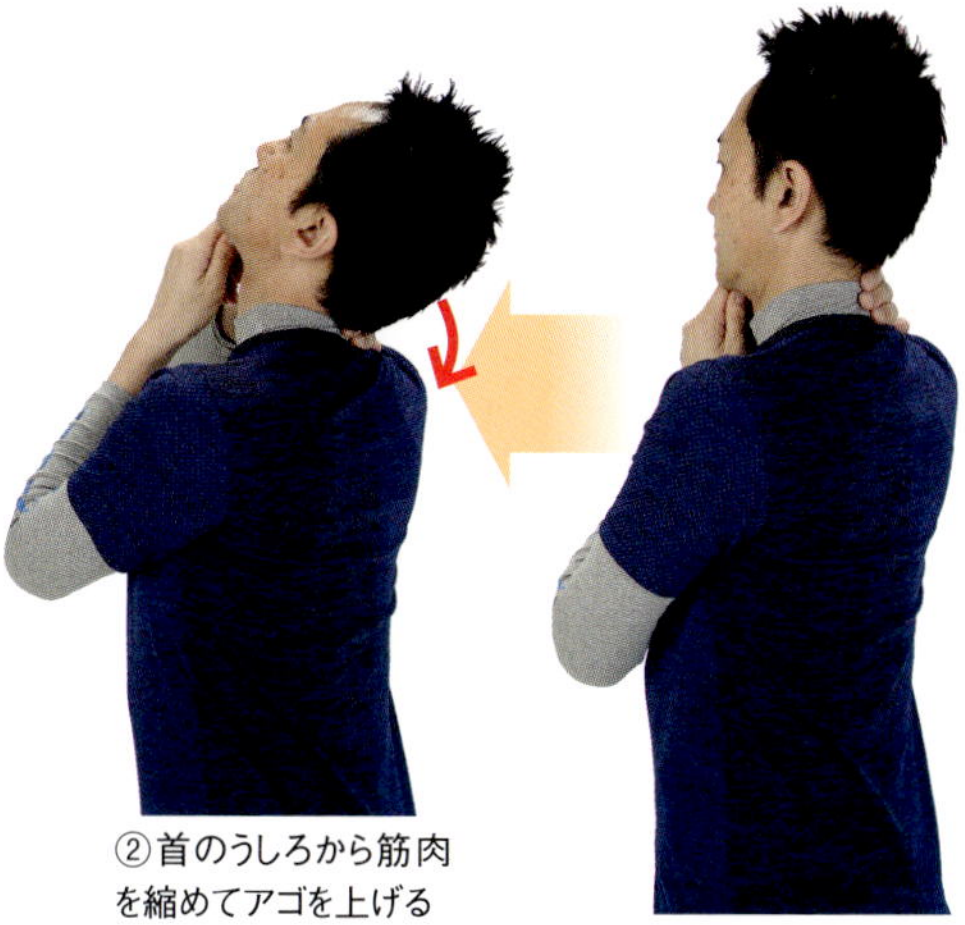

①首のうしろのボコボコと出ている部分を片手の指で圧える。もう一方の手の指でカギのカタチをつくり、アゴのくぼみの下にしっかり入れる

②首のうしろから筋肉を縮めてアゴを上げる

Point

- **1セット20～30回以上**
- **首のうしろの筋肉を意識して、ていねいに動かす**

7 スパイナルローテーション アクティブ

回旋の筋肉を鍛え、スイングの左右差が整う

①タオルなどの上に頭を乗せ、頭を床と平行にする。両ヒザをそろえて曲げて横向けに寝る。おなかの下にタオルを入れ下の腕を前に伸ばす。上の手はワキ腹にあて腹横筋をサポート

息を吐きながら背骨を中心にして上体をひねる。息を吸いながら元に戻す

Point

- **1セット20～30回以上**
- **中心からカラダをひねるイメージで**
- **上体をひねったとき、骨盤がうしろに倒れないようにする**

1 脚クルクルトントン リセット

股関節がつねにやわらかく、動きやすい状態になる

「下半身を使う」というとヒザを動かす人がいますが、これはまちがい。ヒザから下は動かさず、ヒザから上の大腿部のひねり、つまり股関節の運動がとても重要です。「股関節が硬い人ほどヒザを使おうとするため、右ヒザがボール方向に出てシャンク、右ヒザが曲がって右肩が下がりダフリやプッシュ、左股関節の回旋が止まってヒッカケなどのミスが出ます」（濱田）。股関節を整えることで、股関節の上に乗っている上半身がスムーズに動き、さらにはヒザのむだな動きが減り、スイングの再現性が高まります。

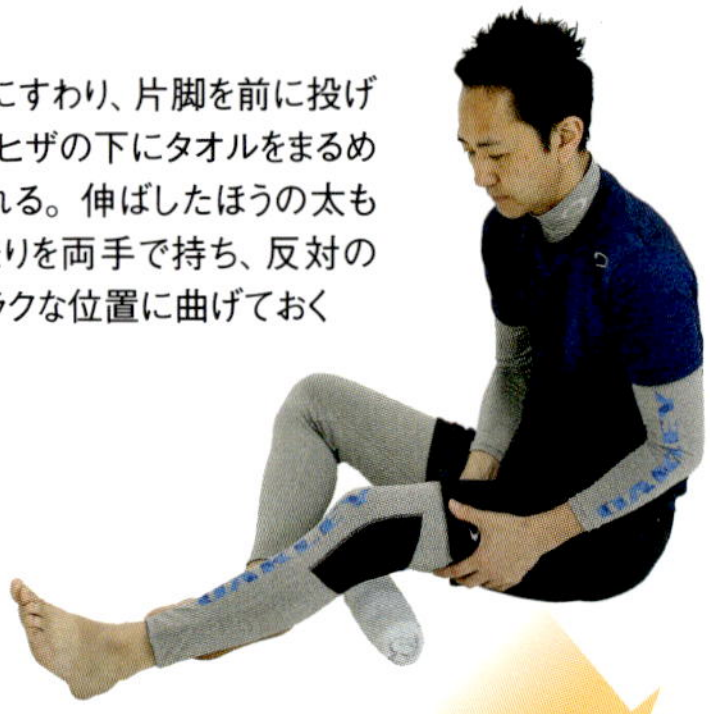

①床にすわり、片脚を前に投げ出し、ヒザの下にタオルをまるめて入れる。伸ばしたほうの太ももあたりを両手で持ち、反対の脚はラクな位置に曲げておく

②伸ばしている脚を股関節から引き抜くような感覚で、脚を左右に10回くらい回す

③手でももの横を持ち、トントンとタオルに強く打ちつけながら10回くらいヒザを伸ばす。②③をくり返し、反対の脚も同様に行う

これをやると脚の長さが変わります。縮んでいた脚が伸びますよ

Point

- 1セット10～30回程度
- 脚全体を脱力して回す
- 「クルクル」はカカトを支点に脚が回るようなイメージで
- 終了後、股関節の可動が増し、脚を動かしやすくなることを感じよう

アクティブコンディショニング

1 レッグカール(寝て、立って) アクティブ

ハムストリングスを鍛え、下半身の動きをよくする

①うつぶせに寝て、おでことおなかの下にタオルを入れてリラックスする

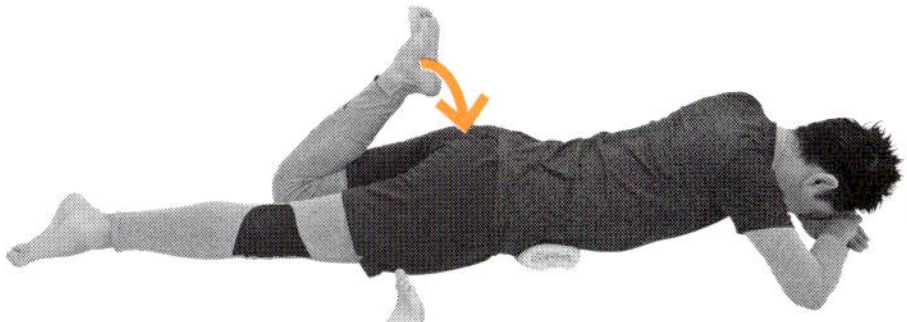

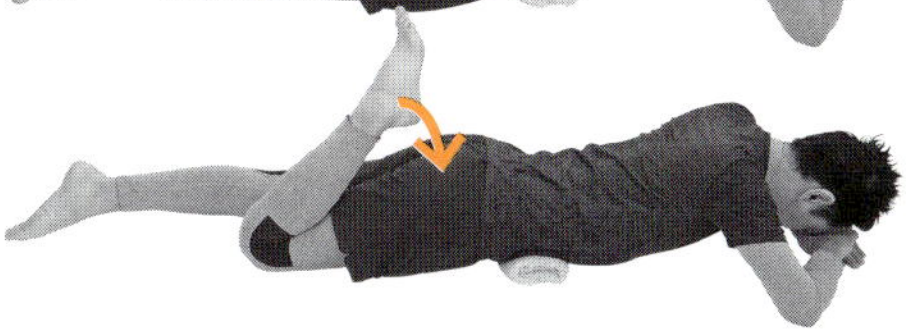

②両ヒザをつけ、息を吐きながら片方の脚のカカトをおしりにつけるように引き寄せる。左右交互に繰り返す

同じ動きを立って行う。壁などを使うとよい。ラウンド中に脚が疲れたと感じたら即やろう

Point

- **1セット20〜30回以上**
- **カカトをおしりにつけるように**
- **脚の裏側に効いていることを感じよう**

2 アブダクション アクティブ

中臀筋後部を鍛え、股関節まわりを強化

①首の下にタオルを入れ、横向けに寝る。下の腕を前に伸ばし、上の手は腰に。両脚をそろえて腰から前に曲げ、ヒザを折る

②カカトをつけたまま、上の脚のヒザを上下させる。反対も同様に行う

Point

- **1セット20〜30回以上**
- **おしりの横を意識して行う**
- **骨盤がうしろに傾かないように注意しよう**

3 アダクション アクティブ

内転筋群を鍛え、股関節・ヒザまわりを強化

Point

- **1セット20～30回以上**
- **上げる脚の内モモを意識して行う**
- **カカトを持ち上げるイメージで**

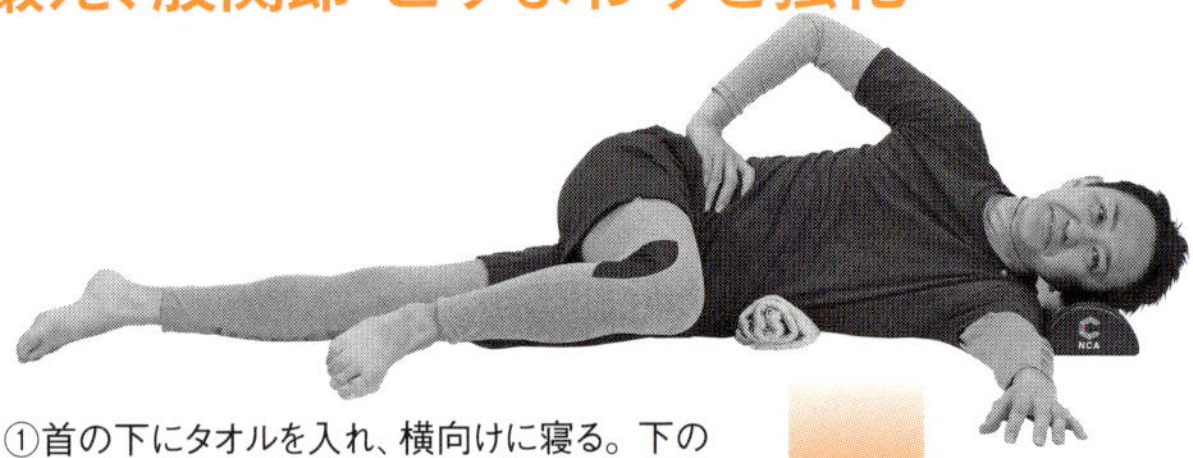

①首の下にタオルを入れ、横向けに寝る。下の腕を前に伸ばし、上の手は腰に。下の脚はまっすぐ、上の脚は腰から前に曲げてヒザを折る

②下の脚を股関節から動かすイメージで小さく上下させる

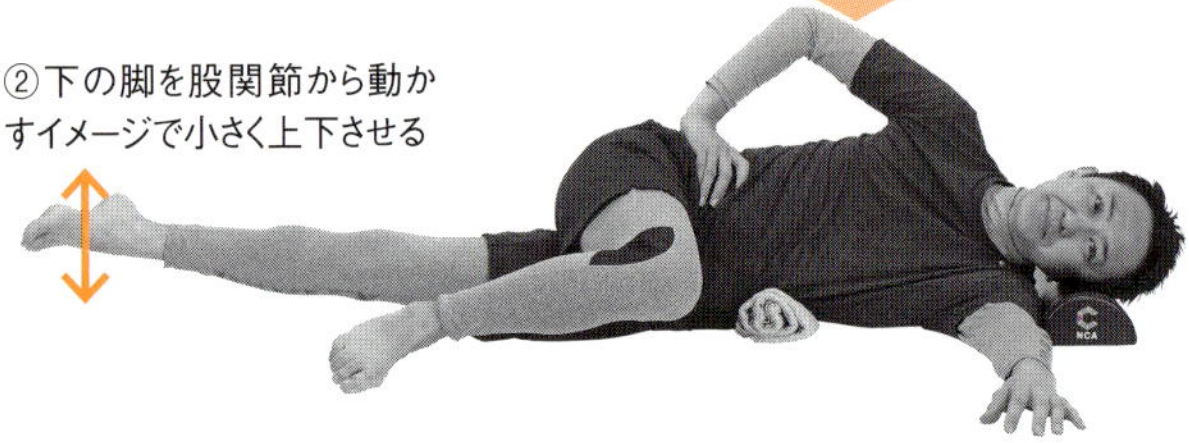

4 ストレートカーフレイズ アクティブ

下半身全体の筋肉を鍛え、軸・体幹を安定させる

Point

- **1セット20～30回以上**
- **おしりがキュッと中央に寄る感じで行う**
- **おへそが真上に持ち上がるイメージで**
- **両足のカカトをつけたまま行う**

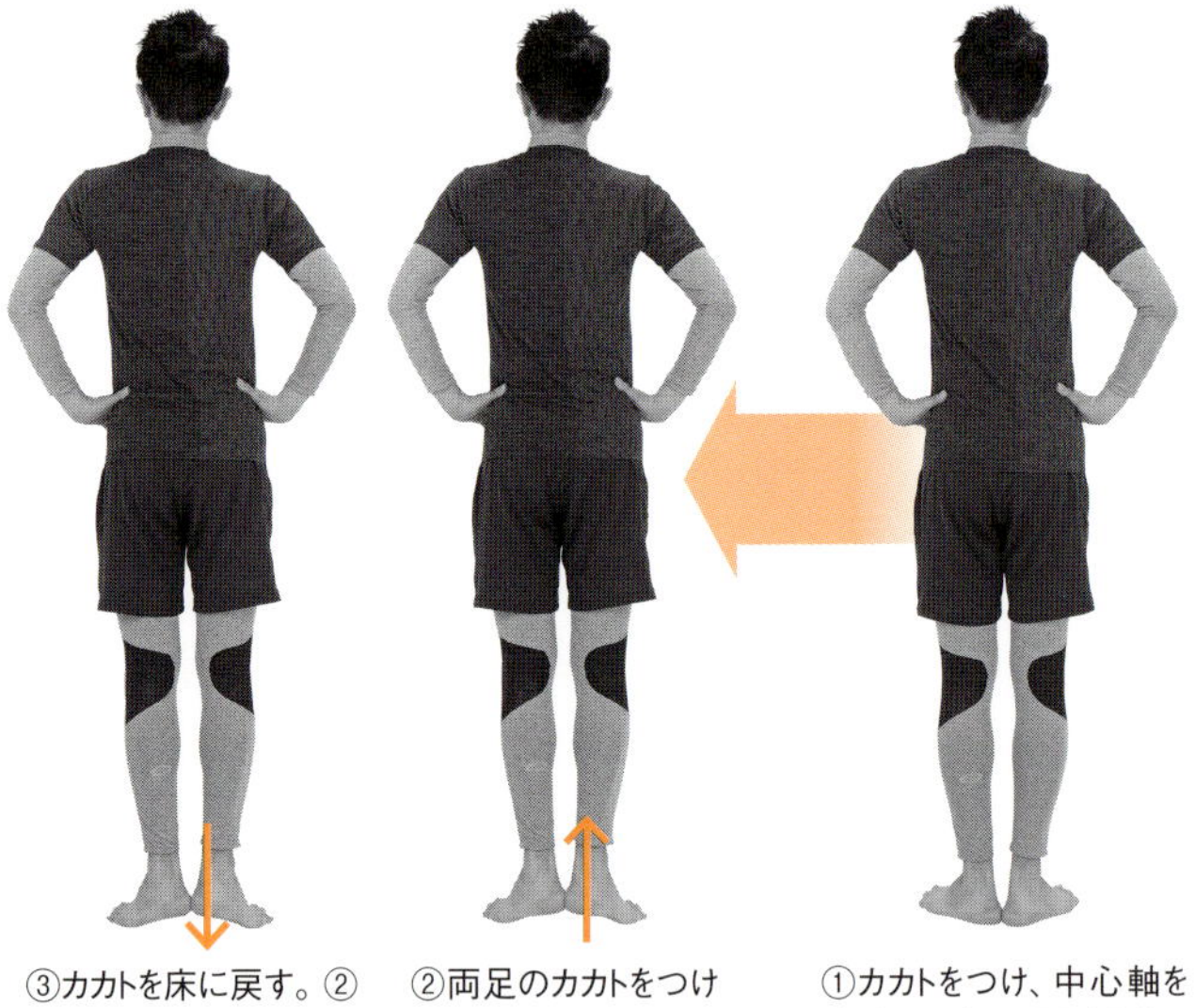

①カカトをつけ、中心軸を意識して立ち、両手をウエスト（腹横筋）に軽くそえる

②両足のカカトをつけたまま、カカトを持ち上げる

③カカトを床に戻す。②③をトントンとリズムよくくり返す

リセットコンディショニング

1 指わけ・足首グルグル リセット

足裏を整えてアドレスのバランスを改善

人間の骨格は足首から積み木のように重なり、とても不安定な状態にあります。それを支える足裏は、地面の様子をキャッチし、姿勢が崩れないように脳に情報を送る役目をはたしています。つまり、足裏にトラブルを抱えて機能が低下すると、正しい指令が出せず、姿勢が崩れてしまうのです。ゴルフの場合、アドレスが不安定だとカラダが回りにくい、体重移動がスムーズにできないなどのデメリットが生じます。

①ヒザの下にタオルを入れラクな姿勢ですわる。片方の脚を伸ばし、もう片方の脚をももの上に置く。足指を触りやすい位置にセット

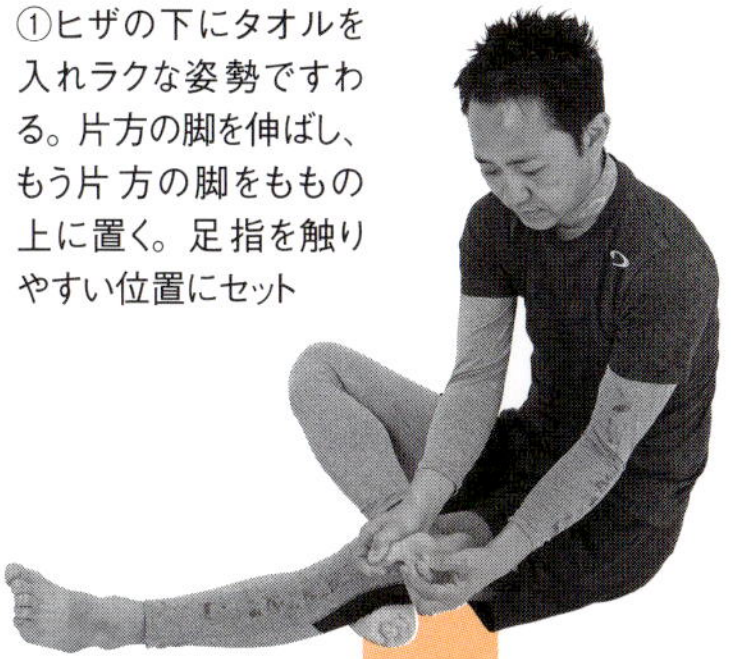

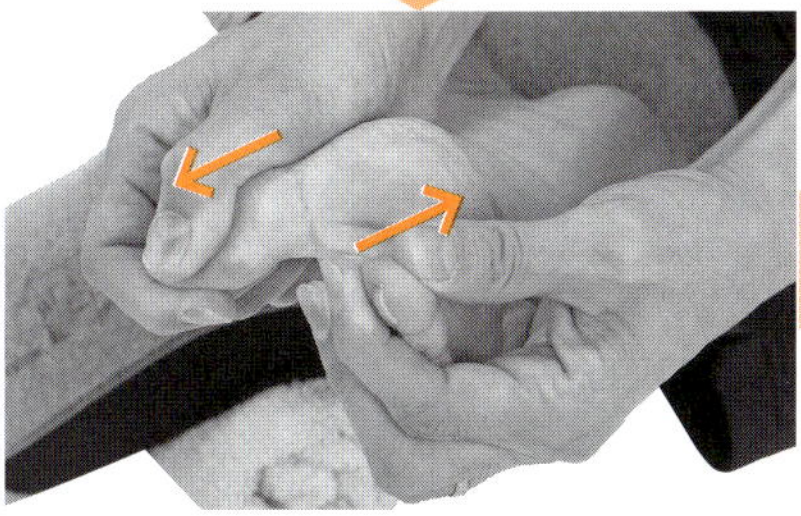

②指の間をひとつずつ前後に開いていく(指わけ)

③次に「足首グルグル」。足指と手指でしっかり握手するように、足指の間に手の指を入れる

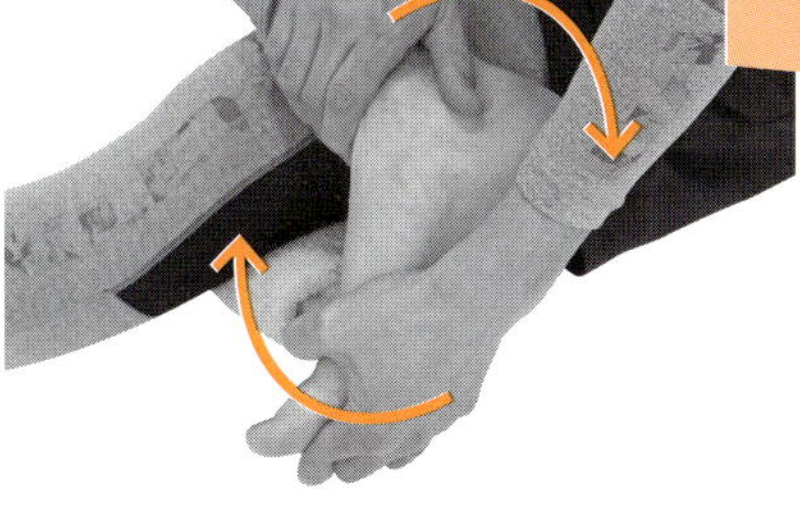

④円を描くように足首を回す。内回し、外回しをし、反対の足も同様に行う

Point

- ●1セット10～30回程度
- ●手と足の指の付け根でしっかり握手する
- ●足首を大きくていねいに回す

濱田の分析 バランス感覚が整うので、とくに斜面でのショットが苦手な人にオススメ

アクティブコンディショニング

1 サムライシット アクティブ

足指の感覚が高まり、アドレスやスイング動作が安定する

Point

- 1セット20～30回以上
- 足指をまっすぐに伸ばすことを意識
- 上体を動かすときは足の指を全部床につけたまま
- コンディショニング後、地面をしっかり押せるようになる

①脚を腰幅に開いてツマ先立ちですわる。カカトにおしりを乗せるように

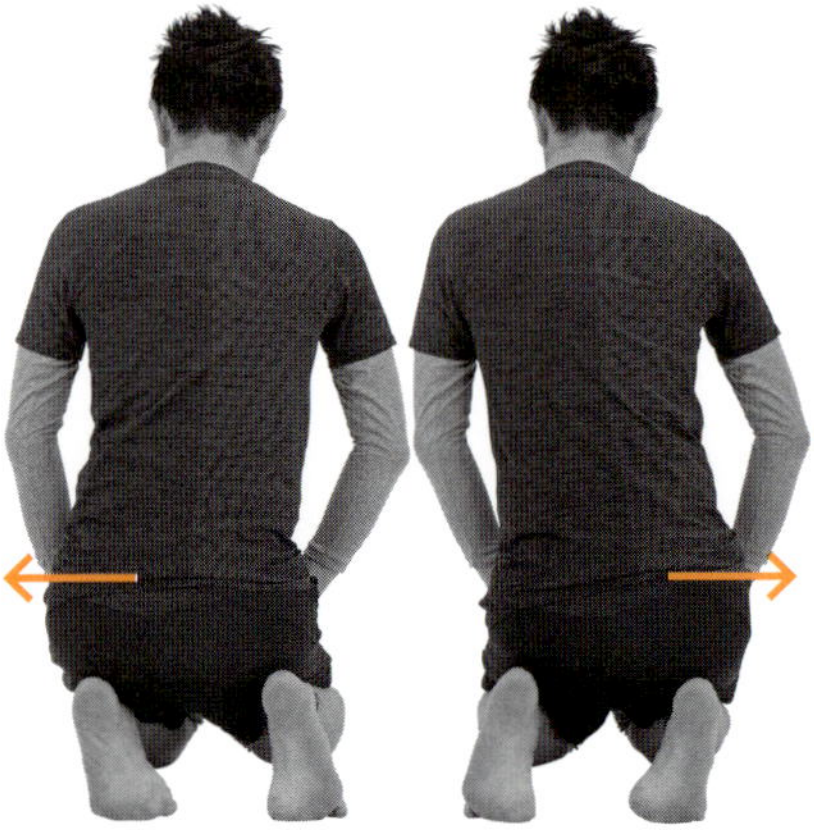

②バランスをとりながらカカトを中心に上体を左右に動かす

2 ニーローテーション アクティブ

ツマ先とヒザの向きをそろえ接地を安定化。ブレないカラダに

Point

- 1セット20～30回以上
- タオルをつぶさないよう、足の裏をつけたまま回す
- ツマ先がまっすぐ前向きになり動かしやすくなる
- 内ももを意識する

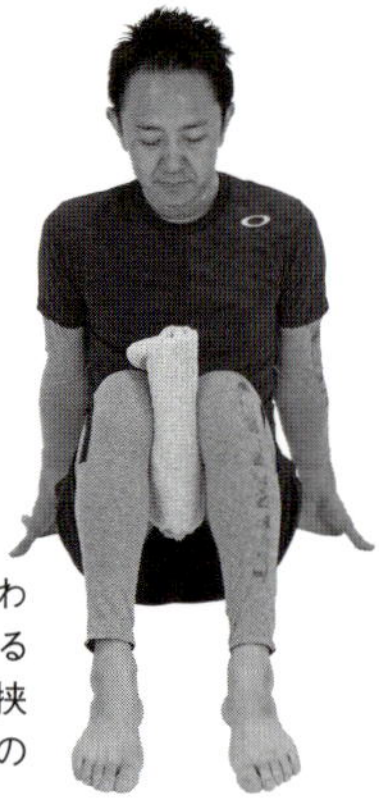

①ヒザを立ててすわる。ヒザの間にまるめたタオルなどを挟み、ツマ先をヒザの延長線上に置く

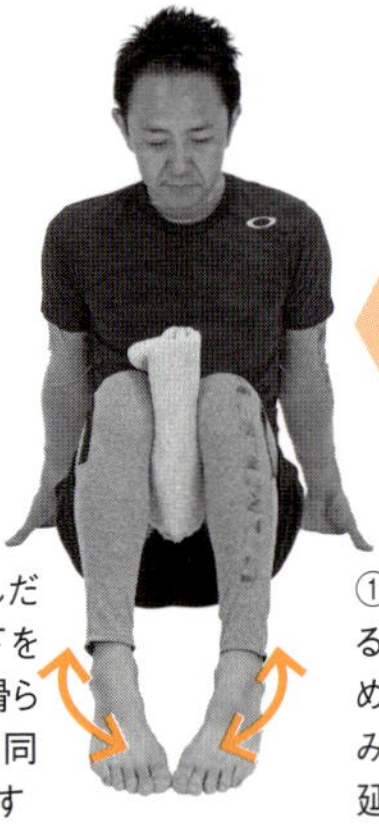

②タオルを挟んだままヒザから下を回す。足裏を滑らせながら、親指同士がつくまで回す

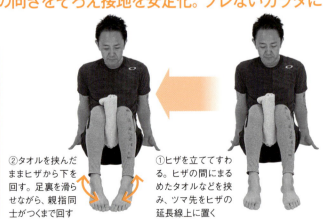

リセットコンディショニング

肩関節は、腕の動きと肩甲骨の動きが複雑に関係しています。肩の動きをスムーズにするためには、肩甲骨の動きを改善すればいいのか、腕の動きを改善すればいいのかを、自分で感じられるようになるのが理想です。クラブを手に持ってスイングするゴルフでは、肩の動きはとても大事。肩の動きがよければ、クラブをスムーズに振れ、スイングアークが大きくなるなど、たくさんのメリットがあります。肩は加齢によって動きが悪くなる部位でもあるので、普段からケアすることが必要です。

1 両腕スルスル リセット

肩甲骨まわりの筋肉を柔軟にして可動域を広げる

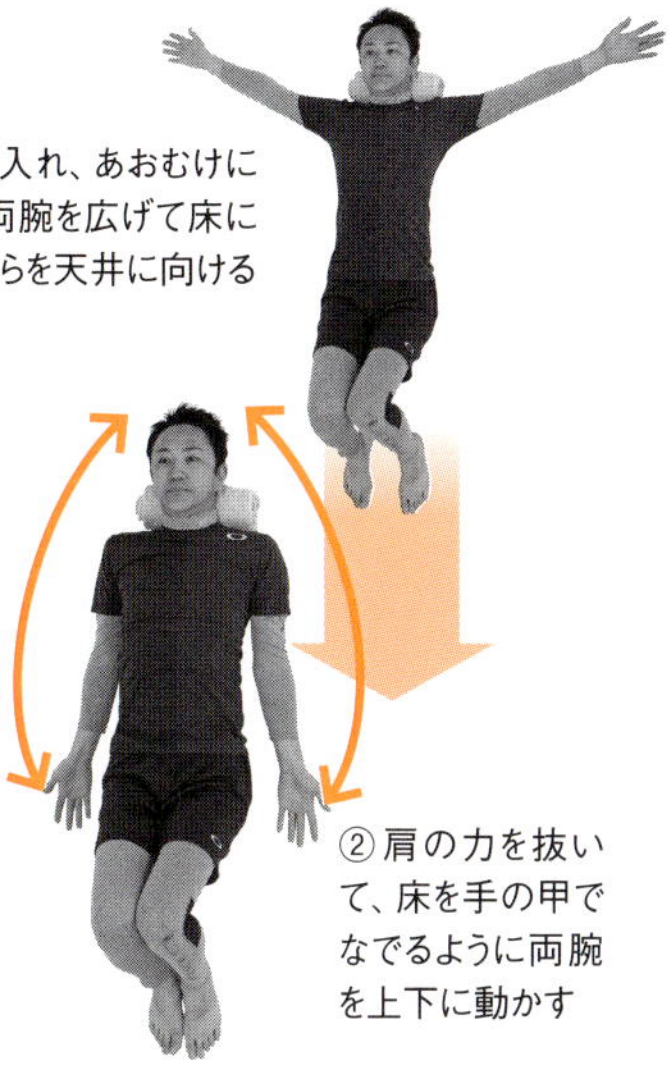

①首の下にタオルを入れ、あおむけに寝てヒザを立てる。両腕を広げて床にぴったりつけ、手のひらを天井に向ける

②肩の力を抜いて、床を手の甲でなでるように両腕を上下に動かす

Point

- **1セット10～30回程度**
- **ヒジを床につけたまま動かす**
- **脱力したまま行う**

2 両腕クルクル リセット

スイングの動きを左右バランスよく整える

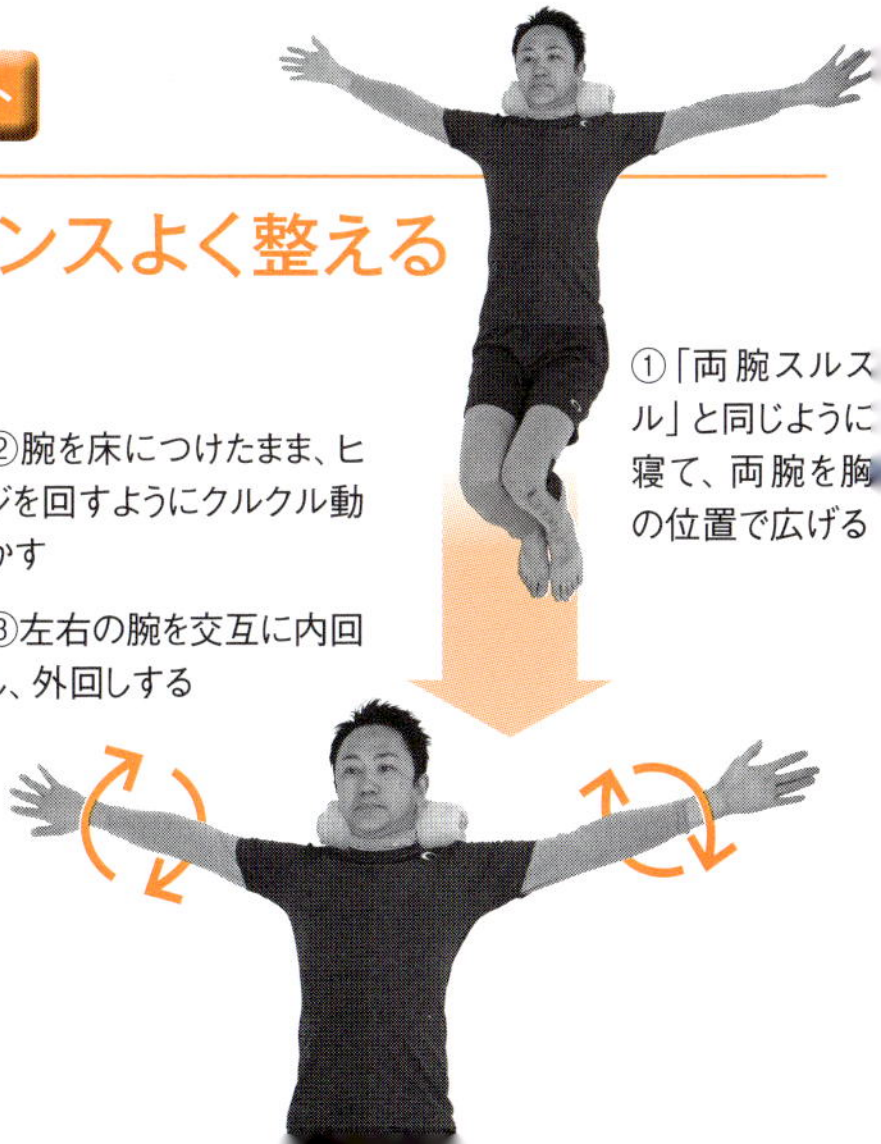

①「両腕スルスル」と同じように寝て、両腕を胸の位置で広げる

②腕を床につけたまま、ヒジを回すようにクルクル動かす

③左右の腕を交互に内回し、外回しする

Point

- **1セット10～30回程度**
- **肩の力を抜いて行う**
- **リラックス効果があるのでラウンド前夜にやれば深く眠れ、パフォーマンスアップに貢献**

手の動きが肩、肩甲骨、背骨へと伝わって、カラダがゆらゆらと気持ちよく揺れればOK

3 肩ブラブラクルクル リセット

肩まわりの可動域を広げて左右のバランスを整える

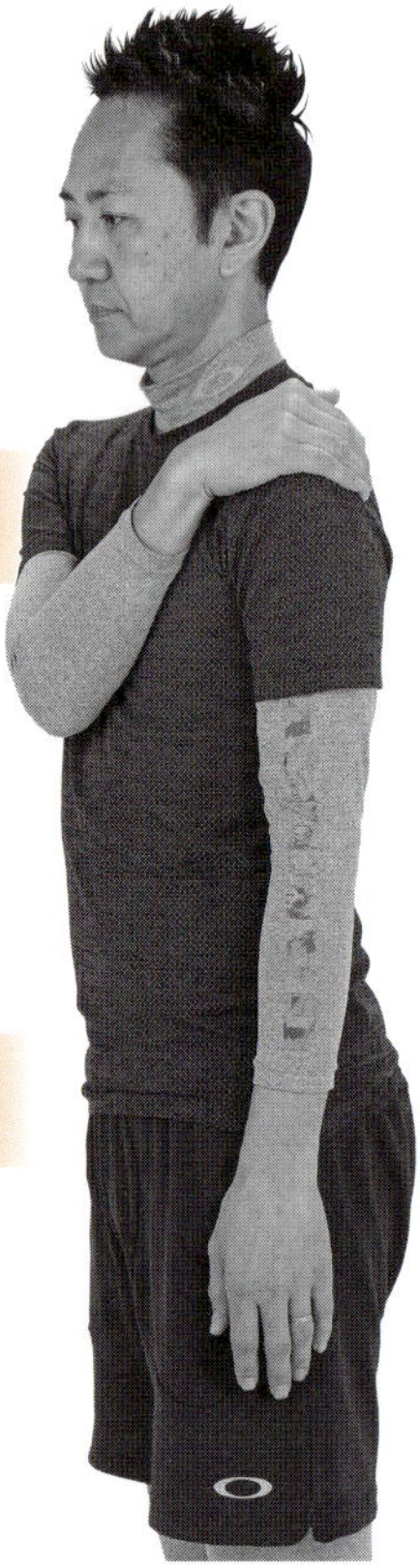

①リラックスして立つ。肩を手で圧える

②肩を圧えた状態で、腕を前後に小さく揺らす。反対側も同様に行う（肩ブラブラ）

前屈して片手を垂らす。この状態で重力を使って肩をブラブラさせるやり方も効果的（前屈肩ブラブラ）

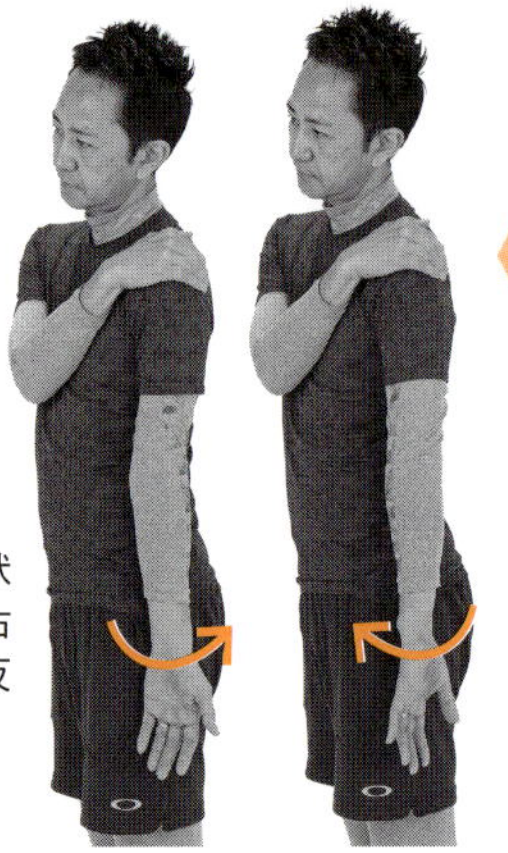

③同じように肩を圧えた状態で、腕を下げたまま左右に回す（肩クルクル）。反対側も同様に行う

Point

- **ブラブラ、クルクル、ともに1セット10～30回程度**
- **脱力して小さく動かす**
- **終了後、行ったほうの肩の高さがガクッと下がっていればOK**

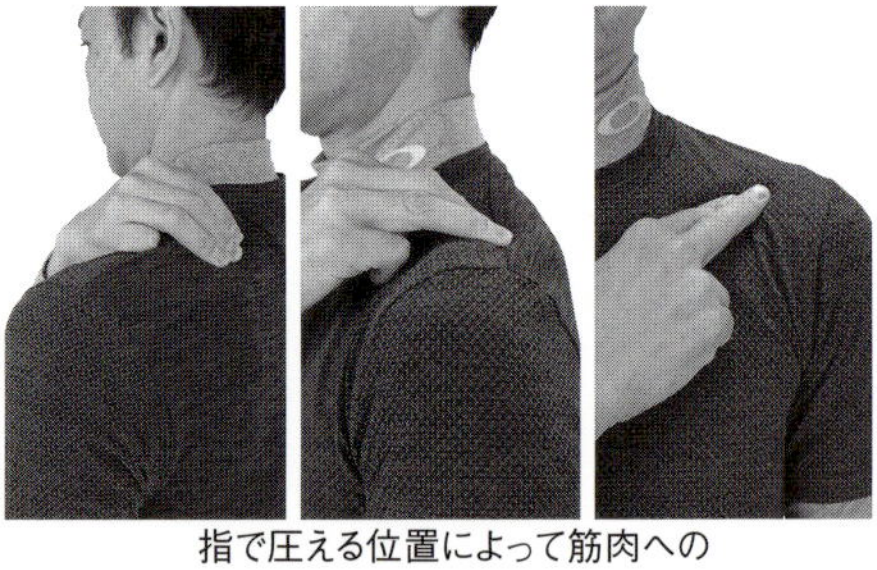

指で圧える位置によって筋肉への効果が変わるので試してみよう

アクティブコンディショニング

1 エルボーアダクション アクティブ

肩甲骨まわりの筋肉を鍛え、肩まわりがスムーズに動く

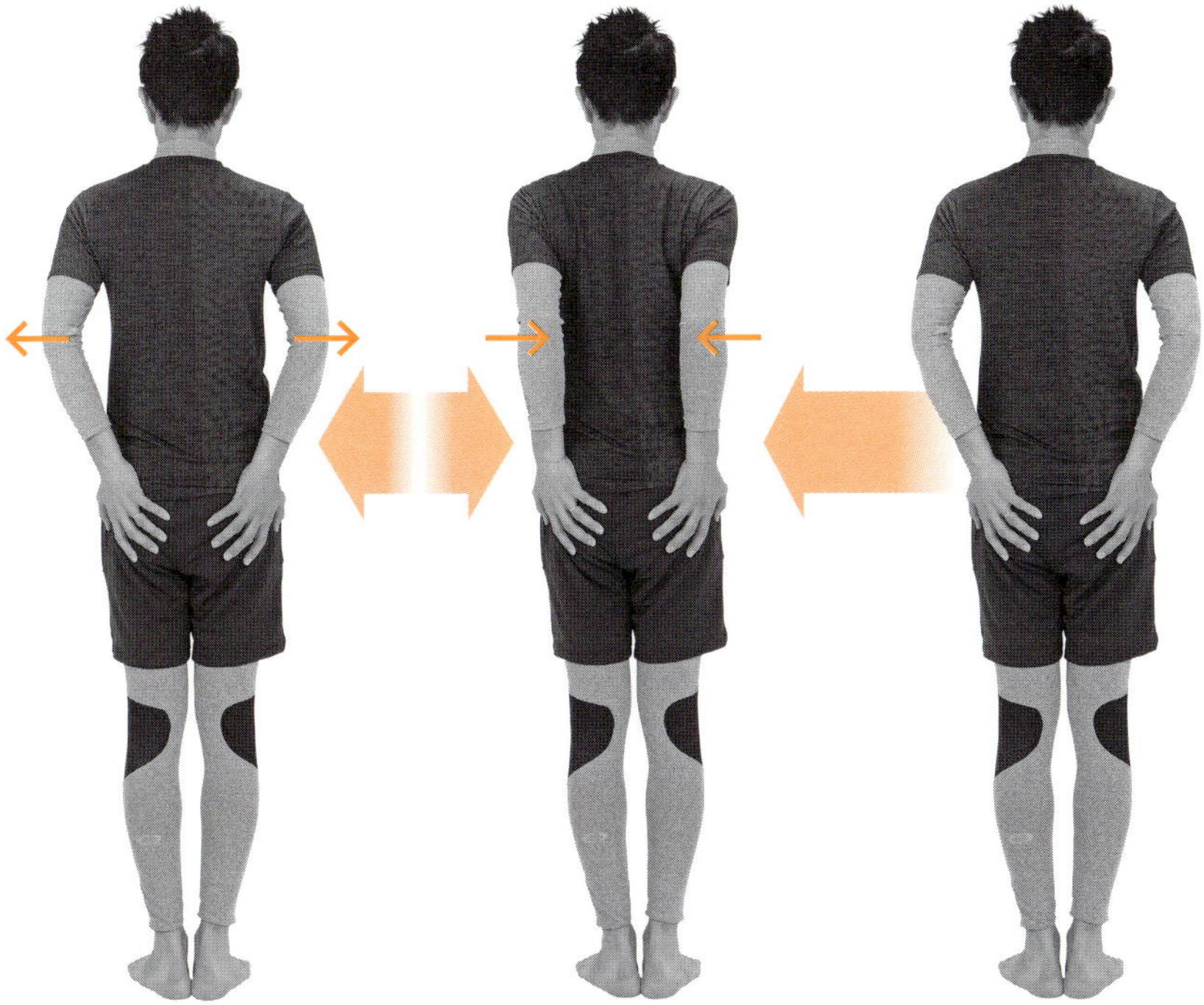

①リラックスして背すじ伸ばして立つ。両ヒジを曲げ、肩の高さを変えずに両手をおしりに置く

②肩甲骨を背骨に寄せるようにして、息を吐きながら両ヒジをゆっくり小さく内側へ動かす

③息を吸いながら両ヒジをゆっくり元の位置に戻す

左右の肩甲骨の間にある筋肉を意識して行いましょう

Point

- 1セット20～30回以上
- 左右の肩甲骨を背骨にしっかりと寄せる
- ヒジを寄せたときに肩が上がらないよう、おなかを前に突き出さないように注意
- 胸が開いて肩甲骨の下で閉まる感覚で。胸がラクに張れるようになる

ボディコンディショニングポールを使ったコンディショニング

日常のコンディショニングをするとき（とくに背骨の改善）、半円型の「ボディコンディショニングポール（以下、ポール）」という器具を使って行うとより効果的です。

ポールを使う目的は、背骨の「棘突起（きょくとっき）」という場所をポールに乗せ、そこをポールにあてて動作を行うことで、寝返りの原理を促進することです。これによって、同じ動作を床で行った場合より、リセット感をより得ることができます。

また、コア（横隔膜・腹横筋・多裂筋・骨盤底筋群）がしっかりと働いているかどうかも確認できます。ポールという不安定な器具に乗って回旋を行ったり、手脚を動かしたとき、手脚に胴体が連れていかれない、バランスをとらなくても（リキまずに）ラクに動作ができる、という状態であればOKです。

さまざまな動作を安定して行うコツは、息を吐きながら行うこと。息を「ハーっ」と吐くと軸が安定することをカラダで覚えてください。

半円形のポールの上に背骨を乗せてコンディショニングを行うと、リセット感をより得られる。おしりからゆっくりと寝てポールの上に乗る

Point

❶首下には必ずタオルを入れる
❷中心（カラダの真ん中）を意識（足を合わせた中心、ヒザ、恥骨、おへそ、胸骨、鼻）
❸アブブレスは息を吐いて腹横筋が縮むことを意識（おへそが奥に引き込まれるイメージで）。安定しないときは、息を吐くことを意識的に行う

ボディコンディショニングポールを使ったコンディショニング例

リセット

腰椎クルクル → P.55

リセット

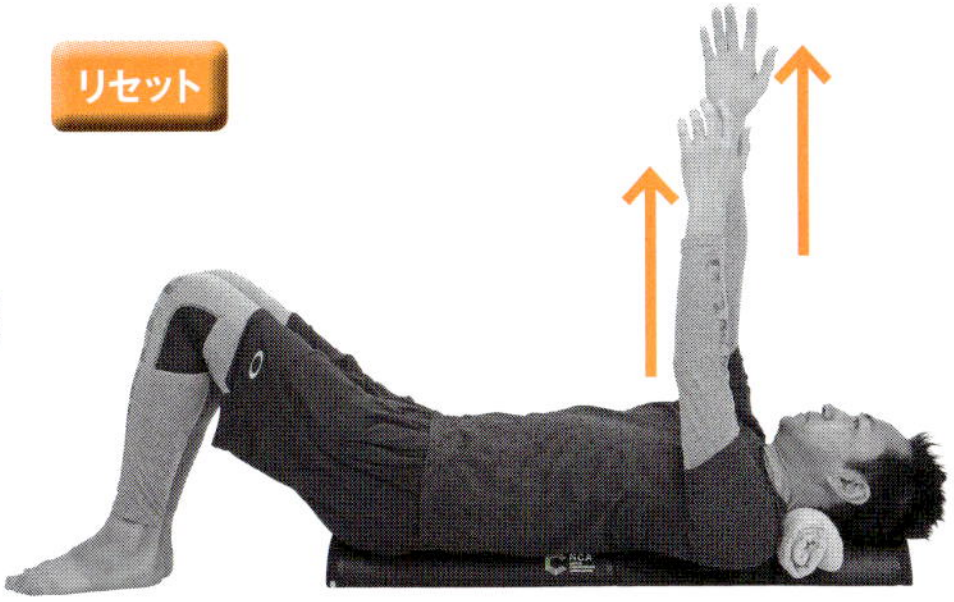

胸椎クルクルトントン → P.54

リセット

両腕スルスル・クルクル → P.69

リセット

腰椎トントン → P.56

リセット

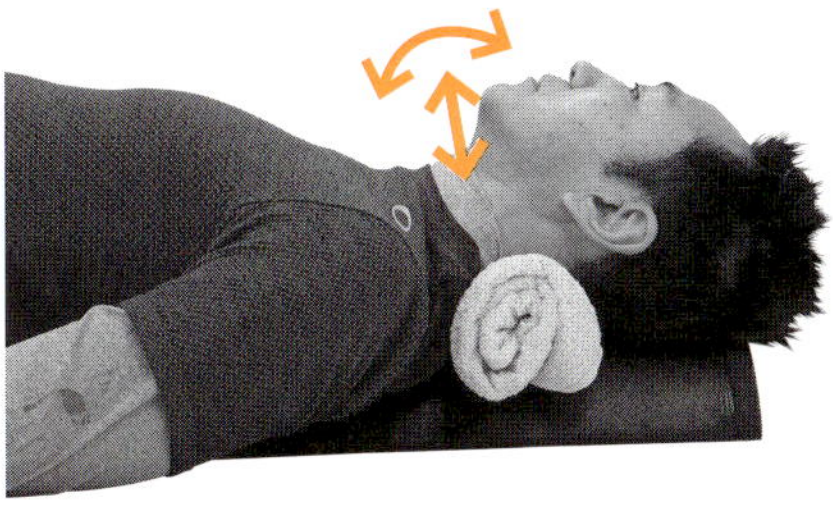

頸椎クルクルトントン → P.78

アクティブ

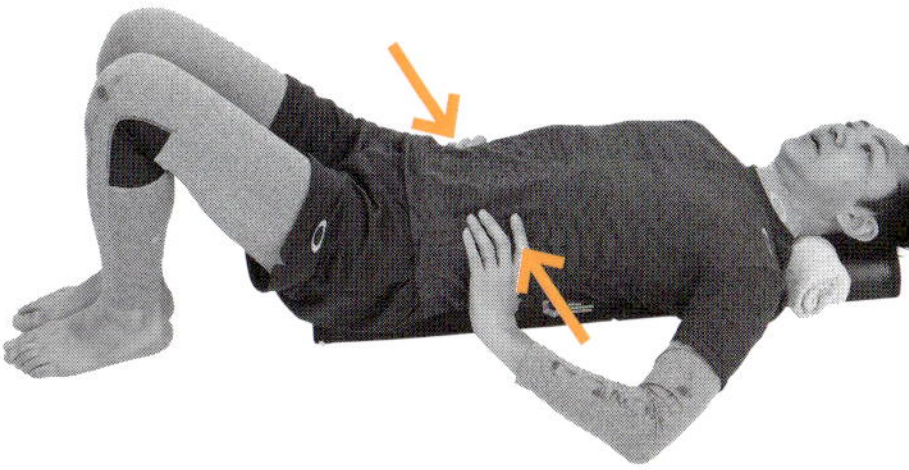

アブブレス → P.60

コンディショニング実践

コース編

筋肉をニュートラルにしてスイングしやすい状態に

コースでできるコアトレ

筋肉が目覚めきっていない朝のカラダ。コースに着いていきなりボールを打ったり、よくある腕やアキレス腱を伸ばすストレッチをすると、筋肉は緊張して収縮し、かえって動きが悪くなってしまいます。

朝はコアトレで筋肉を整えて、可動域を広げましょう。カラダが回らない、なんだか動きが重く感じるときなどに効果絶大。全部やる時間や場所がない場合は、それぞれひとつずつでもいいんです。カンタンな動きでカラダを整えて、万全な状態でスタートホールに向かいましょう。

練習・ラウンド前

筋肉のリセットは打撃練習より大切です。念入りに行って、朝イチショットから全開で行きましょう!

Point

●回数によらず、ラウンド前やプレー中にできるタイミングでできるメニューをちょくちょく行おう

背骨まわりを整える

リセット 胸椎クルクル

体重はツマ先でもなくカカトでもなく土踏まずにかかるように

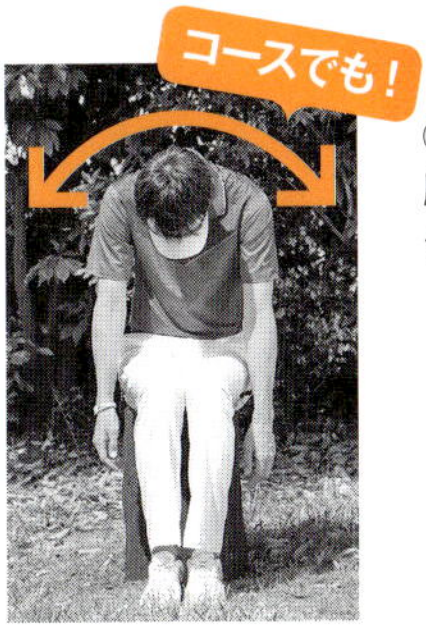

②背骨を中心に腕の重さで背中をクルクルと動かす

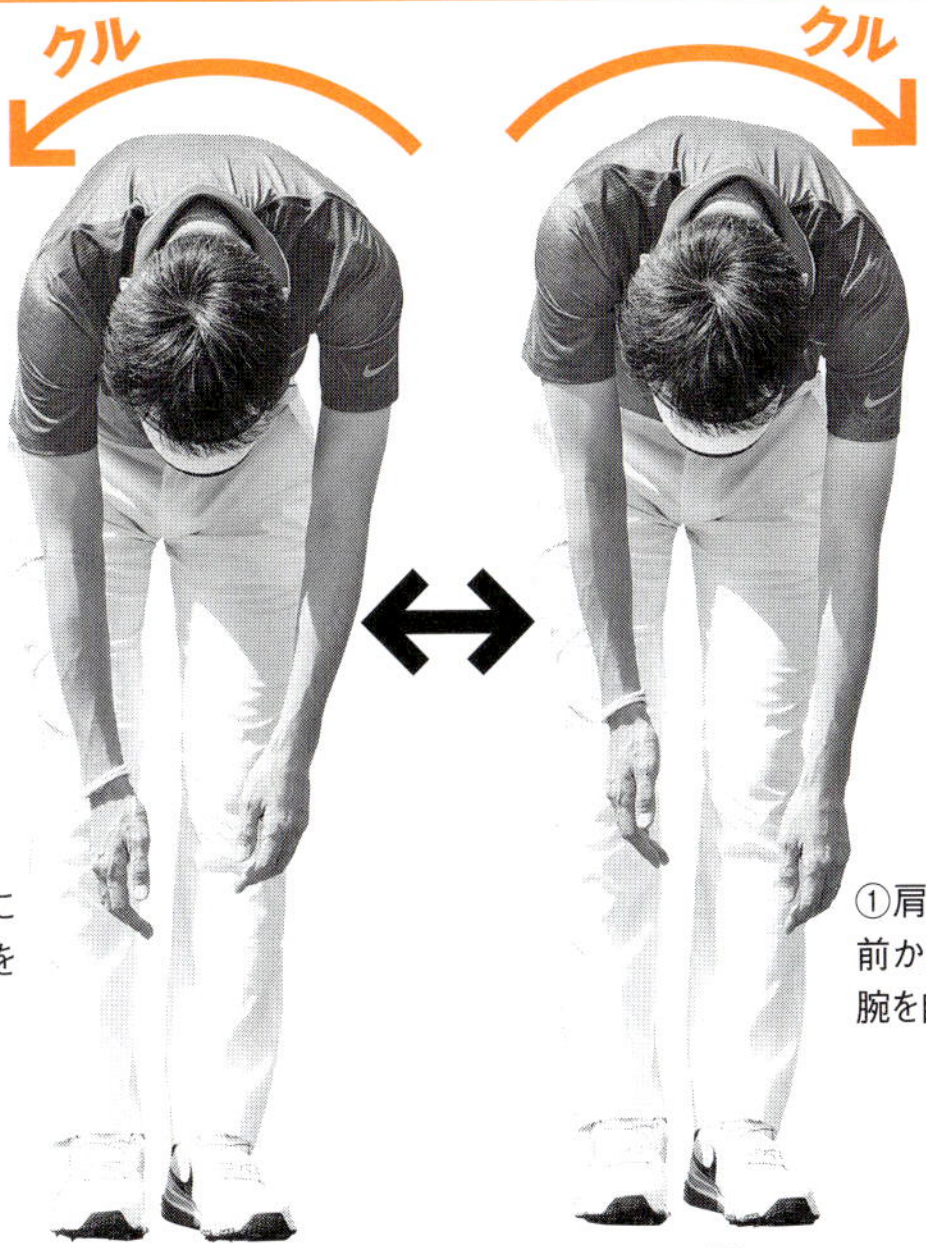

①肩、首を脱力して前かがみになり、両腕を自然に垂らす

アクティブ スタンディングツイスト

背骨を軸に回旋する動きを意識できればOK

①直立して、ツマ先を少し外側に向ける
②両腕を胸の高さに上げて、手のひらをカラダの中心で合わせる
③背骨を中心に腰幅の範囲で手を左右にスイングさせる

アクティブ 視線の反射を使う

①スタンディングツイストで回りが浅いと感じるほうの反対側に視線だけ動かし、また前に戻す。これをくり返す②これを行うと回旋が左右均等になる

肩甲骨・肩まわりを整える

リセット　肩ブラブラ

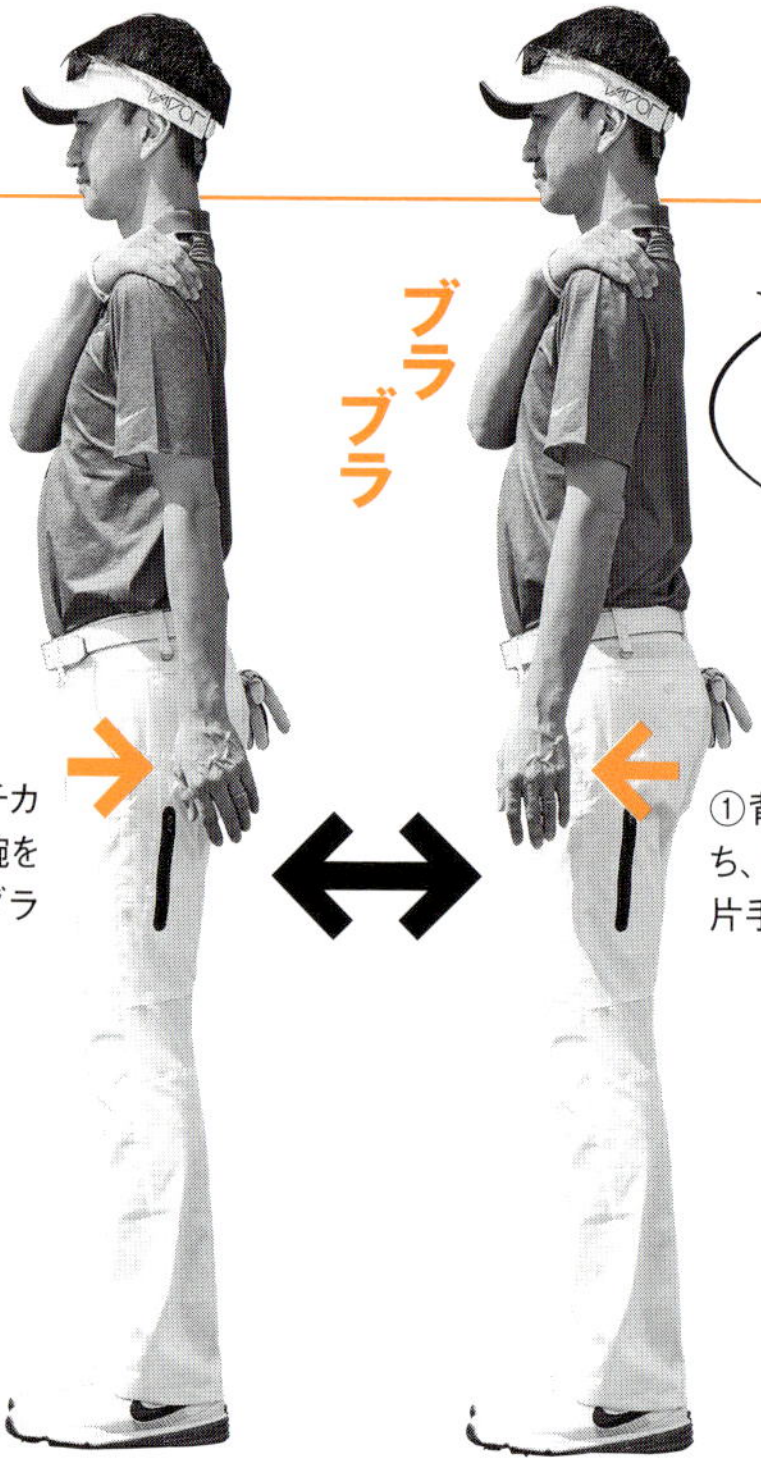

肩のリキみを解消できます

①背すじを伸ばして立ち、腕と肩を脱力して片手で肩を圧える

②できるだけチカラを抜いて、腕を前後にブラブラさせる

アクティブ　エルボーアダクション

胸が開いて、肩甲骨の下が締まる感覚で。ラクに胸が張れるようになります

①背すじを伸ばして立ち、肩の高さを変えずに手をおしりの上あたりに置く

②息を吐きながら肩甲骨を背骨に寄せるように、両ヒジをゆっくり小さく動かす

③両ヒジを元の位置に戻す。これをくり返す

肩が上がらないよう、おなかが突き出さないよう注意

手首・ヒジ下を整える

スライスやトップか
出がちな人は念入り

アクティブ ヒジプッシュ

クル

ヒジの内側を圧え、腕を伸ばしてヒジを中心に外側（親指側）に回転させる

リセット 手首ブラブラ

ブラ
ブラ

片方の手でもう一方の手首を持ち、手首や指先を脱力してブラブラ揺らす

股関節まわりを整える

アクティブ ヒップシェイク

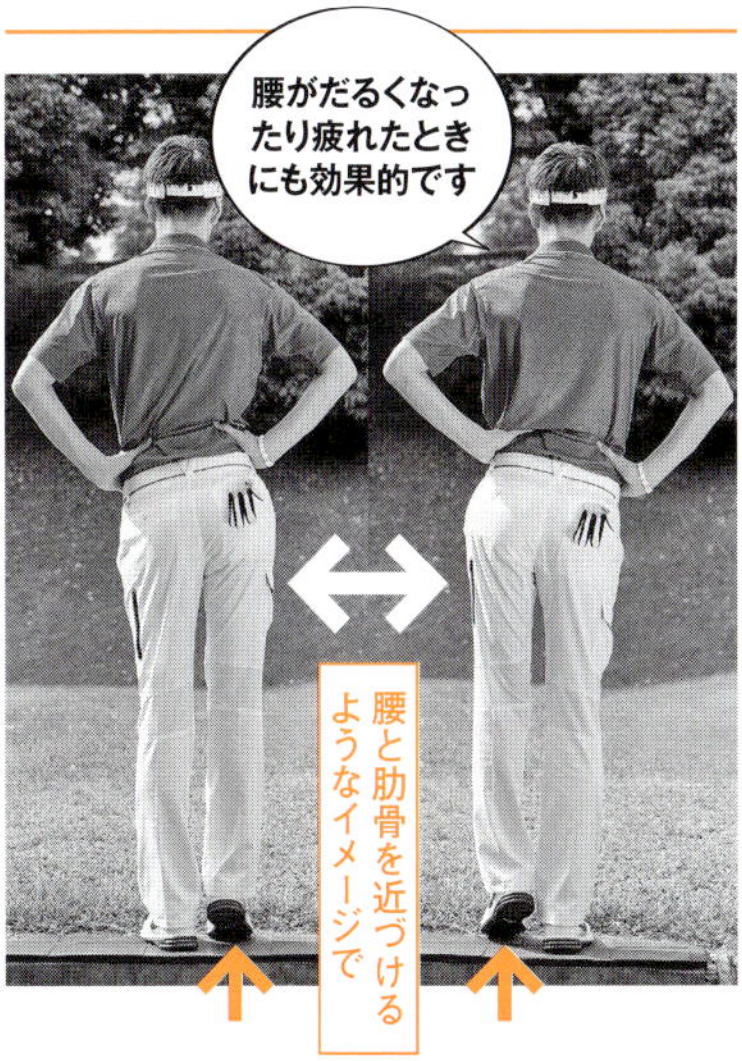
腰がだるくなったり疲れたときにも効果的です
腰と肋骨を近づけるようなイメージで

①平らな場所にツマ先をまっすぐ正面に向けて立つ。両手は腰骨の上に
②息を吐きながらおなかをへこませ、腰を片方ずつ持ち上げるように、カカトを左右交互に上げる

リセット 前脚クルクル

①腰幅に脚を開いて立ち、両手は腰の上にそえ背筋を伸ばす
②片脚を半歩前に出して腰を少しだけ下ろす
③前に出した脚のカカトを支点にしてツマ先を内向き、外向きと交互に動かす
④反対の脚も同様に行う

動きが軽くなるくらいまで行おう

リセット 後脚クルクル

①前脚クルクルとは逆に、片脚を半歩うしろに引く
②うしろの脚のツマ先を支点にしてカカトを外向き、内向きに動かす。反対も

股関節がラクになり、傾斜やバンカーショットが安定します

カカトは地面
ら浮かさず、
面をする感じ

疲労やかたよりが生じた筋肉を元に戻す

コースでできるコアトレ

ラウンド中

歩いて走って、立ってすわって、何十回もスイングする。朝整えた筋肉は、ラウンドするうちに少しずつ疲労やゆがみを生じていきます。不調だなと感じたら、ラウンド中にいつでもコアトレ。疲れをこまめに取り除けば、最後までいいコンディションでプレーできます。

気づいたときに
こまめにやって
パフォーマンスを
キープしよう!

首まわりを整える

リセット 頸椎クルクルトントン

スイングで
固まった首の
緊張がとれます

骨のあいだではなく、出ているところを圧える

①首のうしろのボコボコと出ている部分を両手の指で圧える
②顔を小さく上下し、次に小さく左右させる

アクティブ ネックエクステンション

首の位置が
安定して呼吸も
ラクになります

①首のうしろのボコボコと出ている部分を片手の指で圧える
②アゴを上げ、ゆっくり小さく上下する

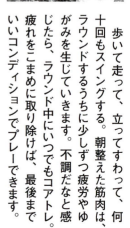

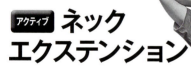

ふくらはぎが疲れたら

リセット もも裏とふくらはぎのストレッチ

もものうしろが
伸びるのが
わかります

①片脚を前に伸ばし、呼吸をラクにしてツマ先を上げる
②余裕があれば、カラダを少し前に倒す

壁や木の幹を使っても

片方のツマ先を壁に押し当てる。足裏も同時にストレッチできる

アクティブ ダウンウォーク

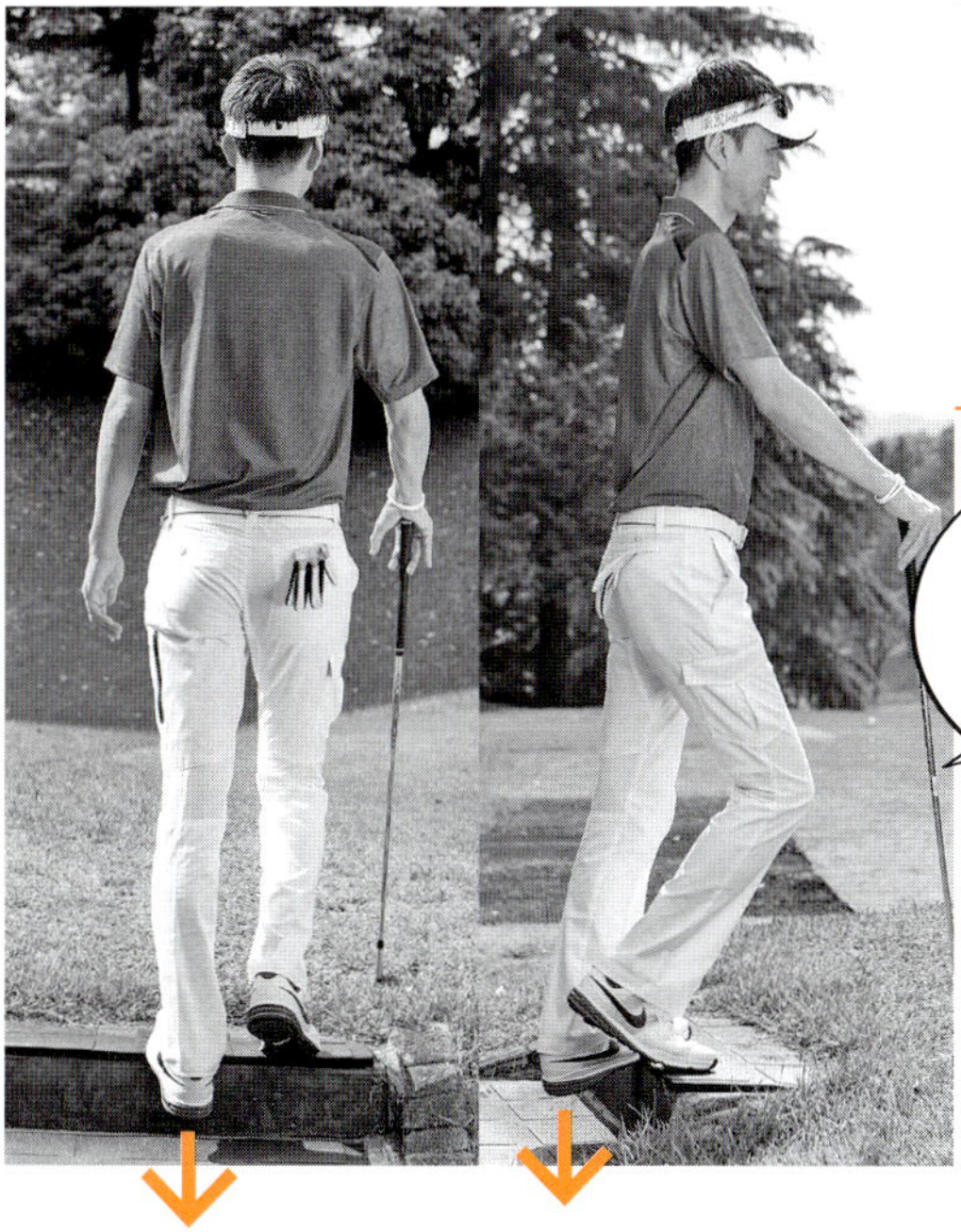
足がつりそうな
とき、疲れを
感じたときに

カカトをぐっと下ろすイメージで

①階段などの段差で足先(足半分)だけで立つ②足指全体に体重を乗せ、ツマ先を支点に左右の足を交互に下げる

コアに意識を向ける

アクティブ 腹直筋アクティブ

おなかをえぐるような
イメージで

①クラブをおへそのあたりに置き、両手ではさむ
②息を吐きながら、カラダをまるめて上半身を倒す

肩甲骨まわりが疲れたら

アクティブ エクスターナル・ローテーション

肩甲骨まわりの
疲れがとれて、
ポジションを
確認できます
ワキはずっと
締めたまま

①背筋を伸ばし、ワキを締めたまま手のひらを上にしてヒジを曲げる
②息を吐きながらヒジから先を開き、元に戻す。これをくり返す

軸をつくる

アクティブ クロスウォーク

股関節
まわりの疲れ
がとれます

軸を意識して行うのがポイント

両手でクラブを腰にあて、息を吐きながら、一方のカカトをもう一方の足にクロスさせるようにして歩く

ももの前側が疲れたら

アクティブ レッグカール

壁や木の幹でも
小屋や大きな木があるところでもできる。壁や木に手をつき、足を交互に上げる

ハムストリングス
を刺激します!

①両手でクラブを腰にあて、カカトをおしりにつけるようにしながらリズムよく歩く
②カカトを上げるとき、ハッと息を吐く

頭の位置を整える

リセット 鎖骨プッシュ

スイングがリキみがちな人にとくに有効です

①鎖骨のくぼみに指をぐっと押し当てたまま、首をラクにして左右に倒す
②首のツッパリ感がなくなったり、動きが軽くなってくるまで行う

目が疲れたら

リセット フェイスリセット

集中力が戻り、視界がパッと明るくなります

①こめかみを手で圧え、顔を小さく上下、左右させる
②眉間の眉のはじまるところを押さえ、うなづくように顔を小さく上下させる

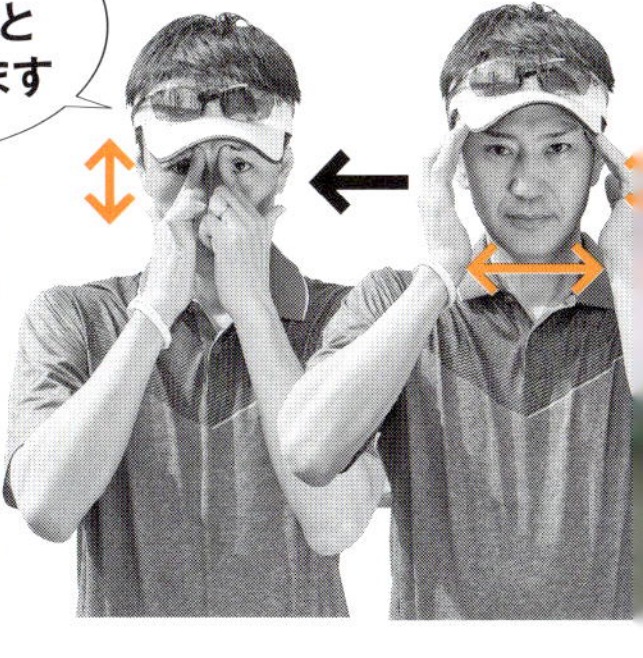

筋肉の過緊張による信号③

ヒザ痛

ヒザの痛みは、よく起きる不調です。ヒザには大きな負担がかかり、歩いているときでも体重の2～3倍、階段の上り下りでは約7倍、走っているときは約10倍の荷重がヒザにかかっています。このように日常的に大きな衝撃が加わるために、痛みなどの障害につながりやすいのです。歩くときには、ヒザの位置関係の狂いが何度もくり返されます。とくにゴルフは歩きが多いため、これが助長されるわけです。

痛みが進行すると、変形性ヒザ関節症になります。ヒザとツマ先の方向がズレ、ヒザの中でねじれが生じることで筋肉に負担がかかり、痛みとなるのです。加齢によるカラダの変化（骨がもろくなる、筋力が衰える）、肥満、スポーツ障害、偏平足、O脚、外反母趾、重労働（立ち仕事、移動が多い、重いものを持つなど）、さらには外傷で半月板および靭帯の損傷、骨折後の変形なども原因になるといわれています。

コンディショニングでは、ヒザ痛の一番の原因は、ヒザ周囲の筋肉のアンバランスによってヒザ関節の位置関係が狂い、ヒザとツマ先の方向が変わることで筋肉に負担がかかるためだと考えています。大切なことは、ヒザの位置関係を整えることだとコンディショニングでは指導しています。

ヒザ痛予防のコンディショニング

リセット **脚クルクルトントン（P.64）**

アクティブ **レッグカール（P.65）、ストレートカーフレイズ（P.66）、ニーローテーション（P.68）**

第4章

ミス&悩みの原因をコアトレで解決!

スライス

第1章で紹介したように、スライスに悩むゴルファーには「右回旋（カラダが右に傾いている）」という共通の傾向があった。そこで、右回旋の解消メニューを中心にコンディショニング種目をセレクトしてコアトレを実施。すると、ゆがみの解消と同時にスイングも目に見えて変化、スライスも見事に改善した。スライサー必見！

アベレージ100の私が、コアトレ後、バックティで80台が出せました！

これで直った！

スライサー大森さんの棒球スライス解消メニュー

タイプ1

スライサー代表

大森洋三さん（53歳）

ゴルフ歴7年

アベレージ100

1 基本のリセットコンディショニング

- 脚クルクルトントン（P.64）
- ↓
- 指わけ、足首グルグル（P.67）
- ↓
- 胸椎クルクル（P.54）
- ↓
- 腰椎トントン（P.56）

2 アクティブコンディショニング

スタンディングツイスト（P.62）　サイドベント（P.61）

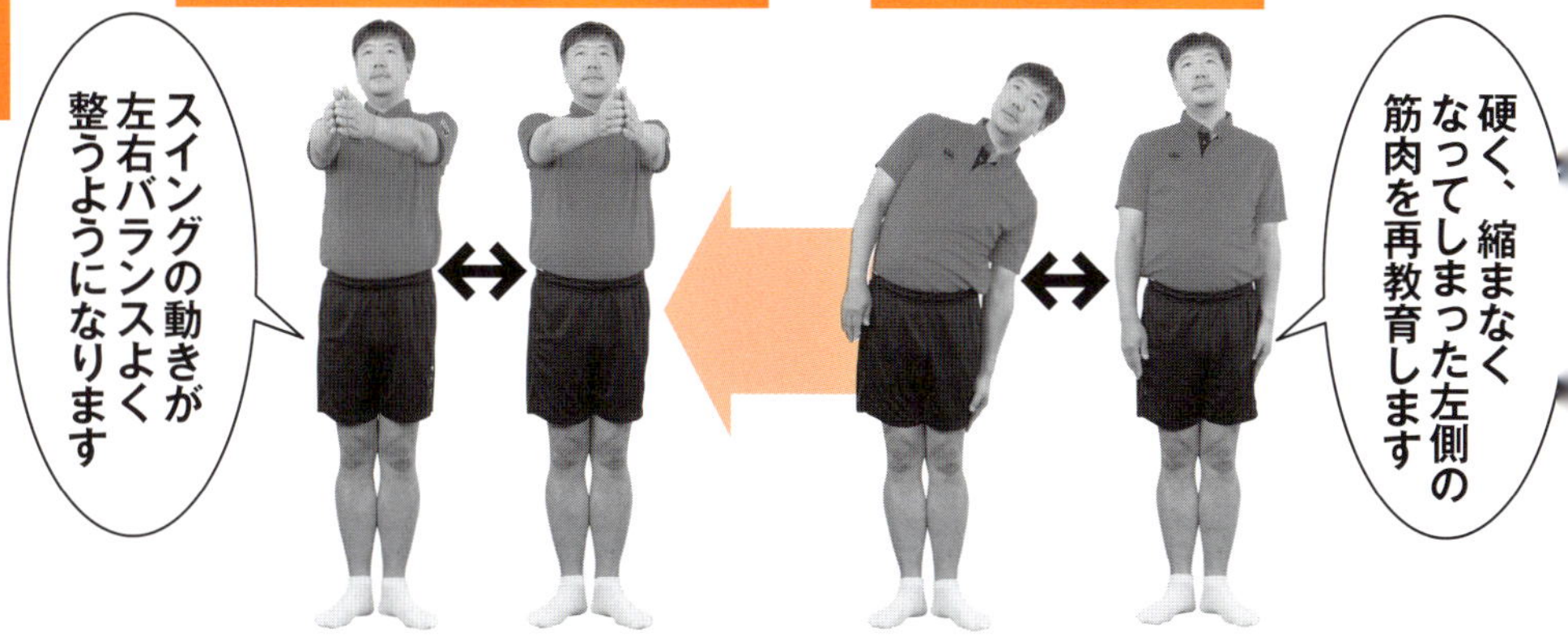
硬く、縮まなくなってしまった左側の筋肉を再教育します
スイングの動きが左右バランスよく整うようになります

スライサー　大森さんのBefore & After

重心のかたよりが改善 回旋がスムーズに

カラダの変化

カラダ全体のかたよりが左右バランスよく解消

重心も軸も、大きく右半身にかたよっていた大森さん。首まわり、腰まわり、股関節を中心に、左半身を重点的にコアトレを実施。伸びて縮むことができにくかった筋肉がリセットされ、左右のバランスが改善した。

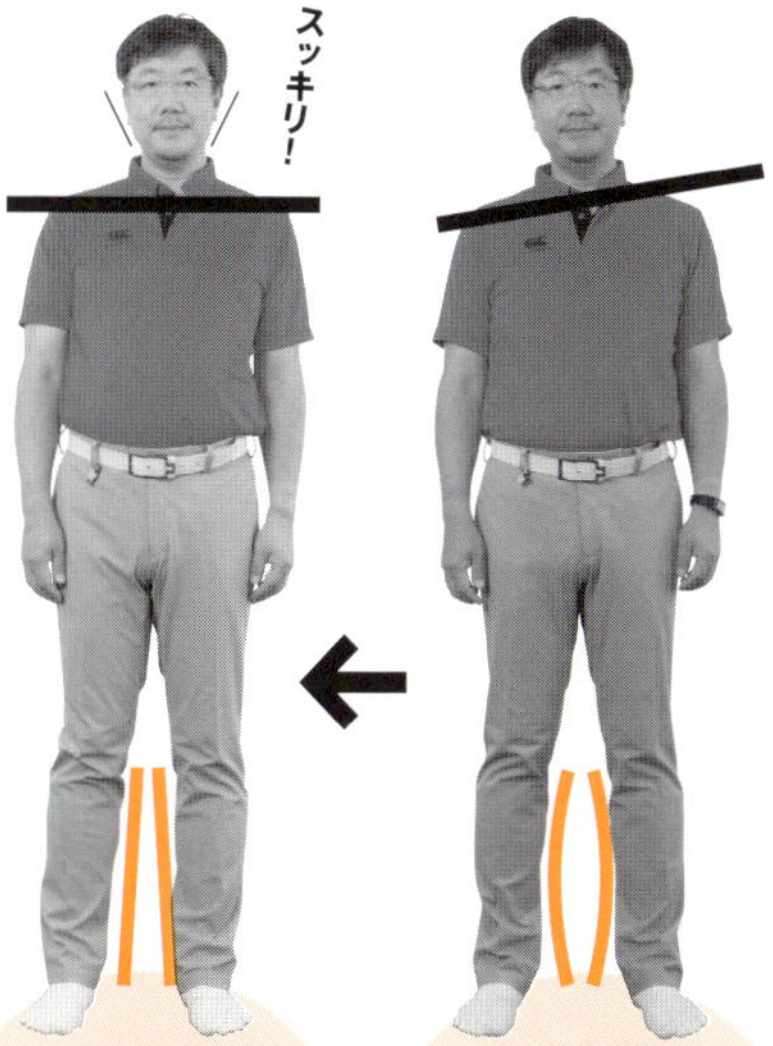
スッキリ！

Before
- 右側屈が強く、首も右に傾いていた
- 脚はO脚の傾向あり

After
- 全体的な右へのかたよりが解消
- 首も正対してスッキリ小顔に

Before

- アドレスですでに首が右に折れていた（本人はまっすぐと感じていた）
- 重心が右のカカトにかかっている
- トップで完全に頭がうしろ（右）を向き、目線がボールから離れている
- 回旋が不十分

スイングの変化

トップで右を向くクセが改善、回旋がスムーズに

棒球スライスの原因は、重心が右後傾気味のためトップで完全に顔が右を向いてしまい、回旋できず、フェースローテーションができなかったこと。コアトレ後は重心のかたよりが改善、回旋がスムーズになった。

Before

After

トップで頭がうしろを向くと、目線がズレて方向性が悪くなります。コアトレによって首が動かずにカラダが回るようになって、インパクトが安定。また、ボールがつかまらない原因だったフェースローテーション不足も解消されました。

After

- 首がまっすぐに。顔が正対してリラックスしたアドレスに
- トップでも目線がボールから離れず、重心移動もスムーズに
- インパクトで腕が詰まらず、ボールがつかまるようになった!

Before

After

これで直った！

スライサー富永さんのヨレヨレ球解消メニュー

タイプ2

スライサー代表

富永晃章さん（52歳）

ゴルフ歴28年

アベレージ92

1 基本のリセットコンディショニング

脚クルクルトントン（P.64）

↓

指わけ、足首グルグル（P.67）

↓

胸椎クルクル（P.54）

↓

腰椎トントン（P.56）

2 アクティブコンディショニング

腰幅を超えない範囲で小さく動かそう
ここを意識

アブダクション（P.65）

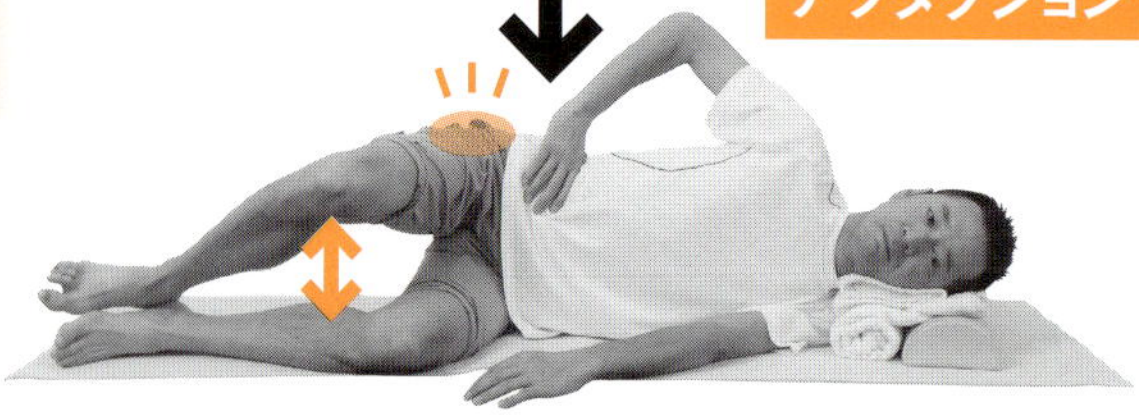

スライス

スライサー 富永さんのBefore＆After

やっかいな右回旋が改善 スイングが安定！

カラダの変化

胸、ヒジ、腰、股関節の右回旋が改善。重心が真ん中に

カラダ全体の右へのかたよりが目立った富永さん。骨盤の後傾や股関節の硬さも気になった。そこで、右股関節を中心にコアトレを実施。結果、かたよりが改善し、真ん中重心でまっすぐ立てるようになった。

Before
●カラダが硬く、左の腰に痛みあり
●外反母趾も矯正中
After
●右への肩の傾きが解消
●足のゆがみも改善し、重心が整った

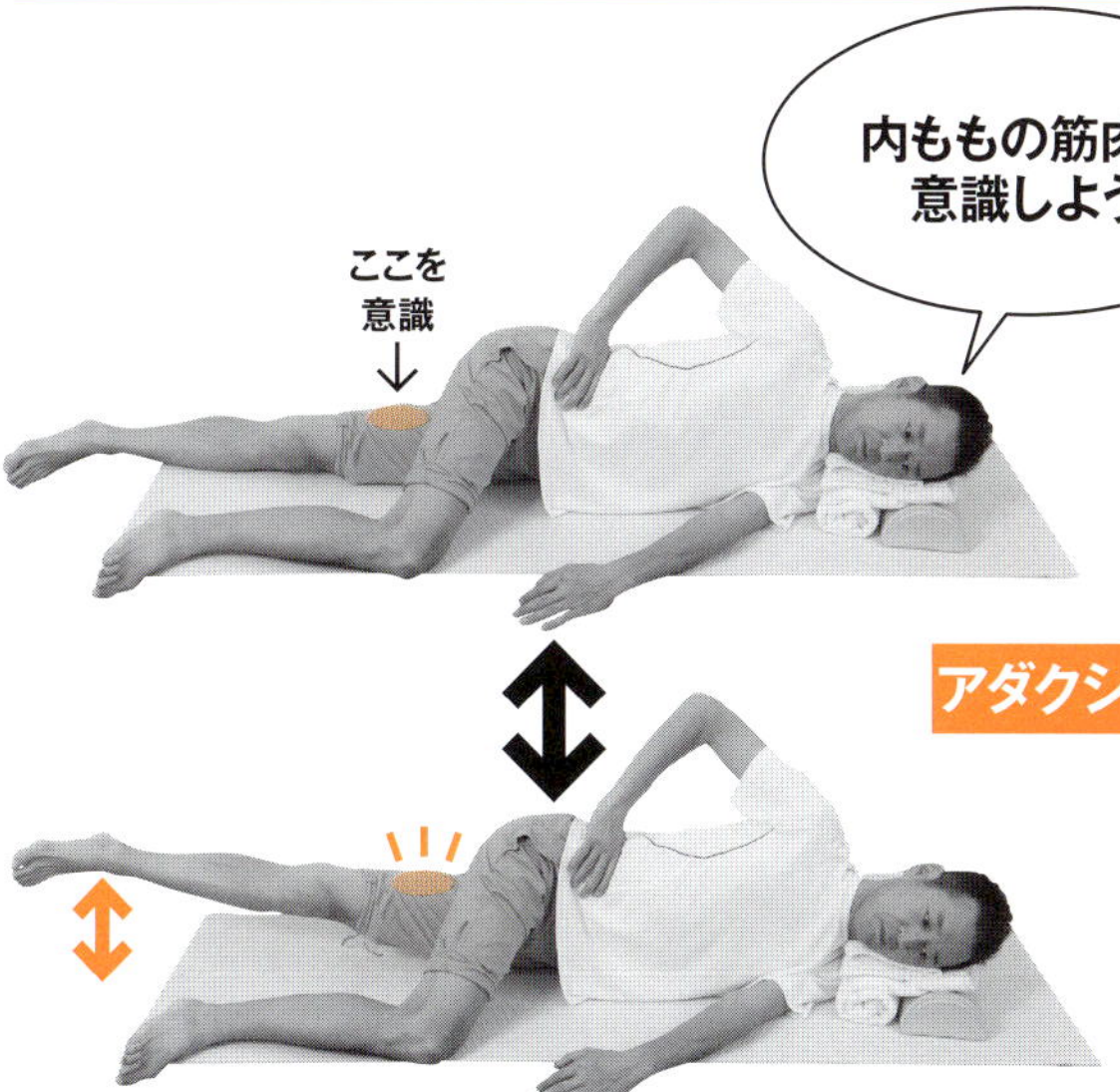
内ももの筋肉を意識しよう
ここを意識

アダクション（P.66）

Before

- アドレスで必要以上に右ツマ先が開く
- 回転を下半身で受け止めきれない。フィニッシュで左足がめくれるのはそのため。スライサーに多い症状
- インパクトでカラダがジャンプする。下半身が硬いことが原因

スイングの変化

開きすぎていた右ヒザが正対し、フィニッシュも改善

右股関節のゆがみなどが原因で、アドレスで必要以上に右足を開いていた富永さん。右股関節を中心にコアトレすることでこれが改善。股関節がしっかりすることで、フィニッシュでの左足のめくれも解消した。

Before

After

スライス

下半身が安定しない人は、富永さんのようにスタンスを広げて構える傾向があります。広いスタンスで自分では安定しているつもりでも、富永さんはカラダが浮き気味で強くヒットできません。左の足裏を地面につける意識があればボールはもっとつかまり、スライスがなくなります。

After

- 右側屈が改善して右ツマ先の開きもなくなった
- 股関節でしっかり支え、軸がブレずにきれいにターン
- インパクトでカラダがジャンプする悪いクセがなくなり、フィニッシュも決まった!

Before

After

フック・ヒッカケ

フックやヒッカケに悩む人は、共通して「右側屈（カラダが右に傾いている）」の症状が見られた。ここまではスライサーと同じだが、さらに「左回旋（左肩がうしろに反るような状態）」を併発しているのがフッカーならではの特徴だ。基本のリセットコンディショニングと、それぞれのゆがみの特徴に合わせたメニューで、スイングにはっきりとした変化があらわれ、球筋や方向性も理想に近づいた！

びっくりするほど
カラダが軽く、
動きやすくなりました！

これで直った！

フッカー東山さんの突っ込みスイング解消メニュー

タイプ3

フッカー代表

東山英諭さん（57歳）

ゴルフ歴30年

アベレージ83

1

基本のリセットコンディショニング

脚クルクルトントン（P.64）

↓

指わけ、足首グルグル（P.67）

↓

胸椎クルクル（P.54）

↓

腰椎トントン（P.56）

フック・ヒッカケ

2 リセットコンディショニング＋α

腰椎クルクル (P.55)

3 アクティブコンディショニング

レッグカール (P.65)

フェイスダウンブレス (P.61)

フッカー 東山さんのBefore & After

軸で回転、打ち急ぎもなくなった！

カラダの変化

硬かった大腰筋が改善し立ち姿もきれいに

カラダが前のめりになるほどゆがんでいた背骨と、硬くなった大腰筋を中心にコアトレを実施。左右のバランスが整い、カラダの前傾も解消。悩んでいた腰痛も軽減して、重心が整ったすらりと美しい立ち姿になった。

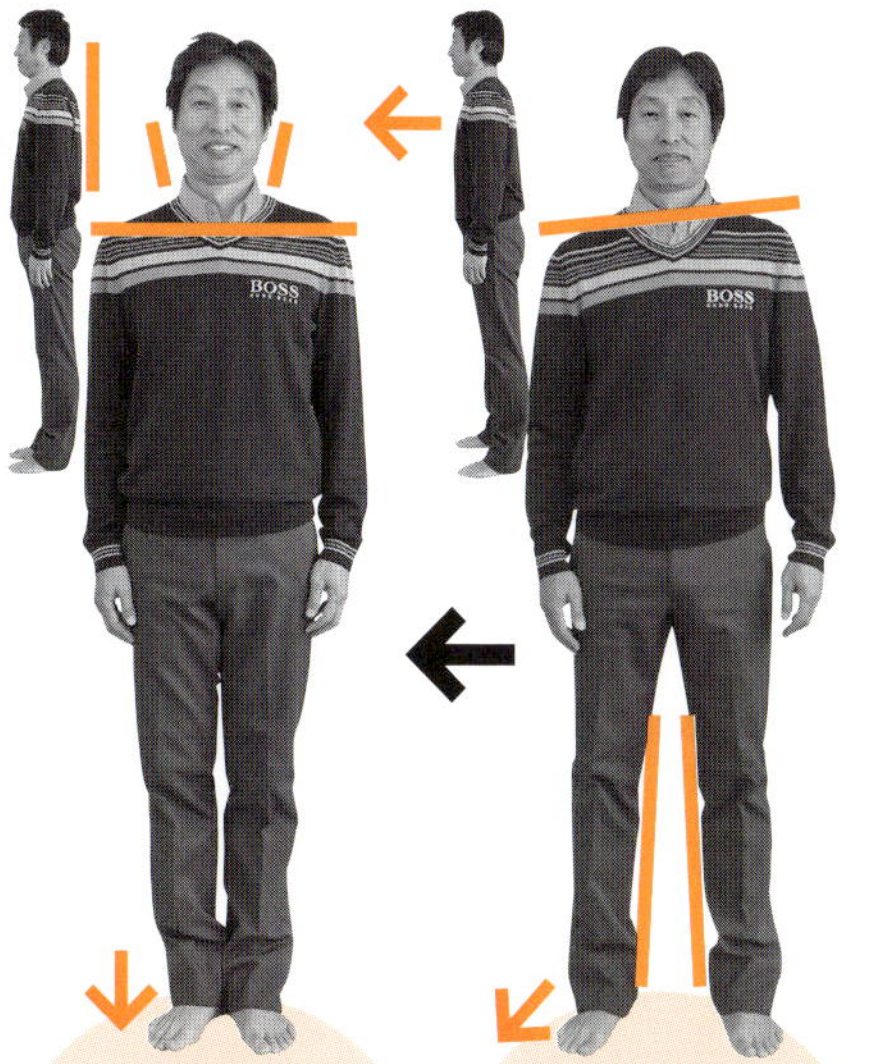

After

- カラダの右傾＋前傾が解消
- 骨盤まわりが整った
- 重心も左右均等に

Before

- 大腰筋が硬い
- カラダが右傾＋前傾
- 左肩がうしろに回旋

Before

- 股関節が硬いので、ヒザの動きが大きくなってしまう
- 肩の開きを抑えようとして、インパクトで伸び上がる
- 回転運動にストップがかかった反動でヘッドが急に返り、フックが出る
- 下半身の回転が浅く、左肩はずっとリキんだまま
- インパクト後、完全に伸び上がっている

スイングの変化

体重が右股関節に乗り軸で回れるように

コアトレによる背骨、股関節まわりの改善で右股関節が使えるようになり、バックスイングがラクに回るようになった。スイングテンポがよくなり、インパクトでの伸び上がりも改善、ヒッカケ球が出なくなった。

Before

After

フック・ヒッカケ

ツマ先体重のためポジションが浅く、カラダが回りづらい状態です。無理に回そうとすると上半身がリキみ、下半身が止まってフックが出やすくなります。股関節まわりの改善でバックスイングがラクになり、動きもテンポもよくなりました。

After

- 使えなかった右股関節が使えるように。体重が乗るようになった
- リキみがとれて、ラクにクラブが上がっている
- 前後の重心のブレが改善
- ゆったり振れて、ターンがなめらか
- インパクトでの伸び上がりもややおさまった！

Before

After

これで直った！

フッカー加藤さんのOB級ヒッカケ撲滅メニュー

タイプ4

フッカー代表

加藤一来さん（45歳）

ゴルフ歴20年

アベレージ90

1 基本のリセットコンディショニング

脚クルクルトントン（P.64）

↓

指わけ、足首グルグル（P.67）

↓

胸椎クルクル（P.54）

↓

腰椎トントン（P.56）

2 リセットコンディショニング＋α

股関節グルグル（P.57）

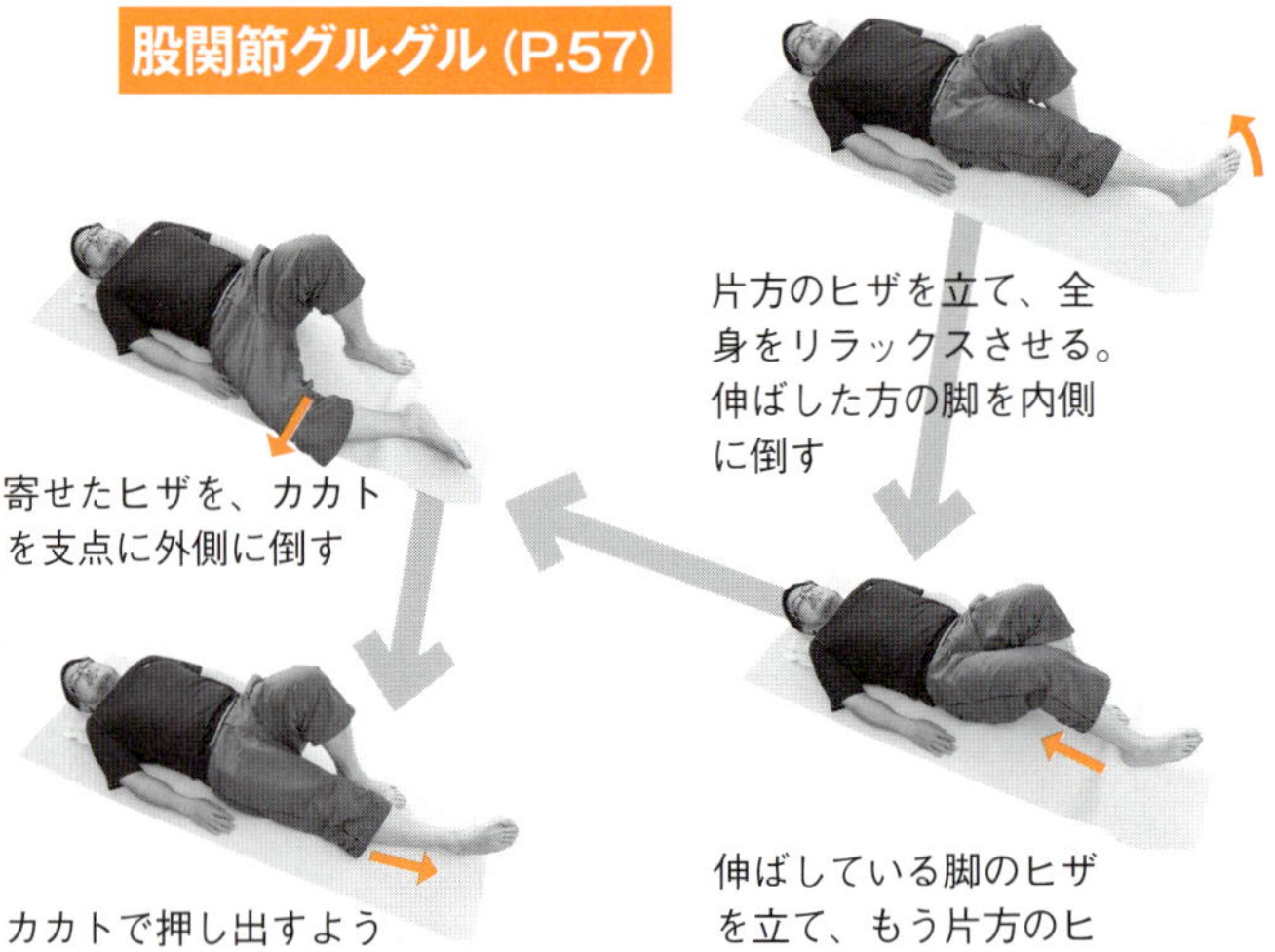

片方のヒザを立て、全身をリラックスさせる。伸ばした方の脚を内側に倒す

伸ばしている脚のヒザを立て、もう片方のヒザに寄せる

寄せたヒザを、カカトを支点に外側に倒す

カカトで押し出すように、ヒザを伸ばす

フック・ヒッカケ

フッカー 加藤さんのBefore & After

突っ込みが改善。飛距離が伸びてウエストすっきり！

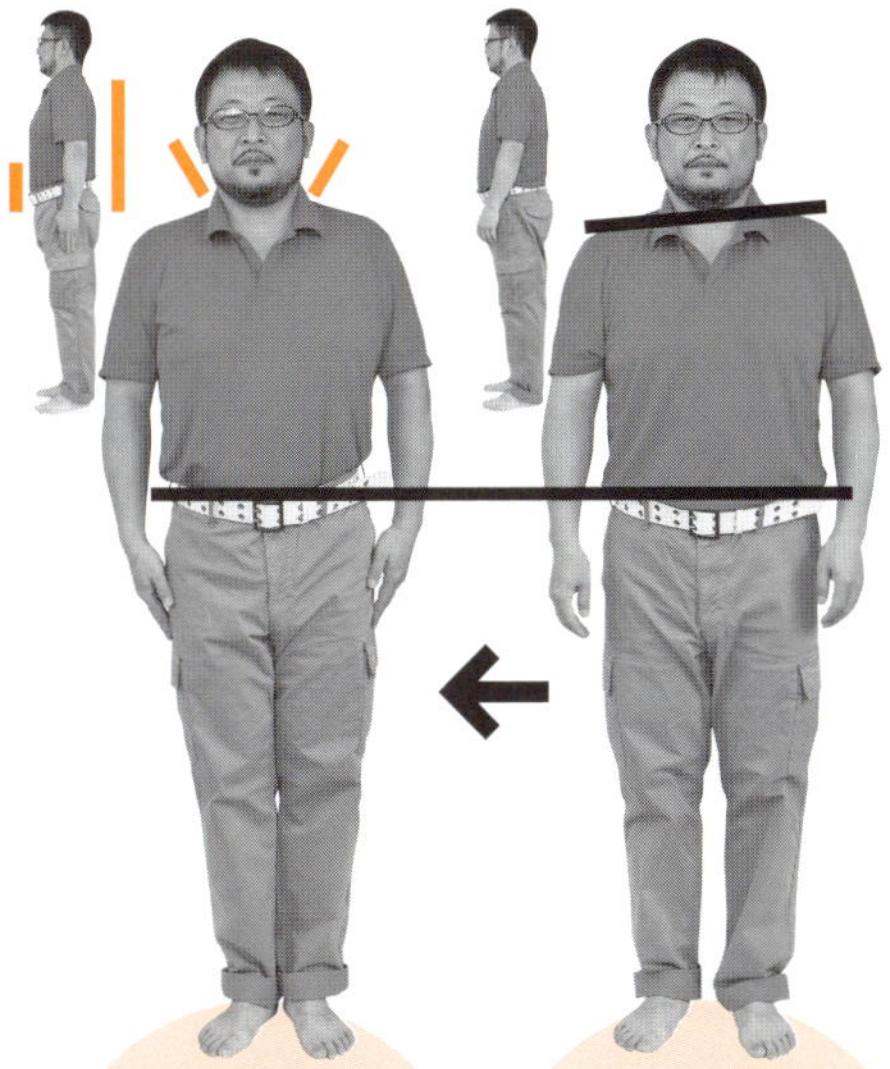

After
●縮んだ腰方形筋の間隔が開いてスッキリ！ ウエストも縮んだ

Before
●腸骨と肋骨の間が縮んでつまり、リンパが滞っていた

カラダの変化

回りづらかった左側に自然に回旋できるように

腕がカラダから離れ、腸骨と肋骨の間の腰方形筋が縮まり、激しい腰痛もちだった加藤さん。コアトレによってこれらが改善されると、身長が伸びて顔もスッキリ小顔に。立ち姿がきれいになり、ベルトの穴がふたつ縮まった！

3 アクティブコンディショニング

フェイスダウンブレス (P.61)

背骨の一つひとつを引き離すイメージです
スゥー
ハー

Before

- 捻転が弱く手打ち気味
- 腕だけで上げたトップ。左ヒジが曲がっている
- インパクトでカラダが開きすぎ
- カラダ（右肩）が突っ込んだフィニッシュ

スイングの変化

捻転差のないスイングが改善。飛距離も伸びた

脚と手、クラブが一緒に動き出す、捻転差のないスイングだった加藤さん。股関節まわりのコアトレによって捻転差が生まれ、飛距離がアップ。フィニッシュでの右肩の突っ込みがなくなって右足のめくれもまっすぐに。フックのクセ球が改善した。

Before

After

フック・ヒッカケ

下半身から動かすという動きの順番が正しく行われず、上半身と下半身の捻転差が少ない（時間差のギャップがない）ことが、手打ち＝ヒッカケになる原因です。これが改善すればボールがつかまり、飛距離も出るようになります。

After

- 動きが軽快、ラクに、しっかり捻転できるようになった
- カラダのターンと腕の振りが連動するようになって手打ちが改善
- フィニッシュでの右肩の突っ込みが改善し、右足のめくれがまっすぐに

Before

After

飛距離不足

飛距離不足に悩むモニターさんのスイングとカラダを総点検。偶然なのか、右側屈・左回旋だったスライサーとは反対に、「左側屈・右回旋（左肩が下がり右肩がうしろに反るような状態）」だった。これまで同様、基本のリセットコンディショニングとカラダの特徴に合わせたコアトレメニューを実施すると、全員のヘッドスピードがアップ！

これはまねるしかない！

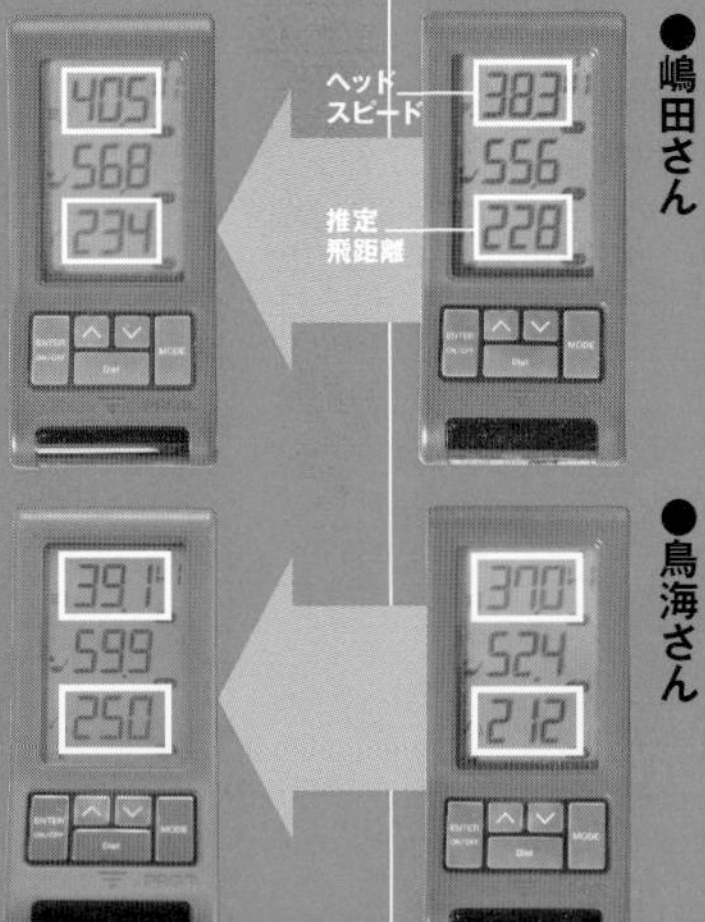

これで直った！

嶋田さんの姿勢&スイング改造クイックメニュー

タイプ5

飛ばしたい代表

嶋田太郎さん（56歳）

ゴルフ歴15年

アベレージ95

1

基本のリセットコンディショニング

脚クルクルトントン（P.64）

↓

指わけ、足首グルグル（P.67）

↓

胸椎クルクル（P.54）

↓

腰椎トントン（P.56）

Before

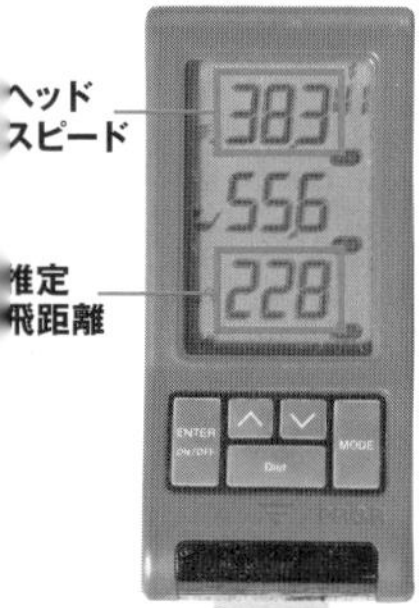

After

2 アクティブコンディショニング

ネックエクステンション（P.63）

レッグカール（P.65）

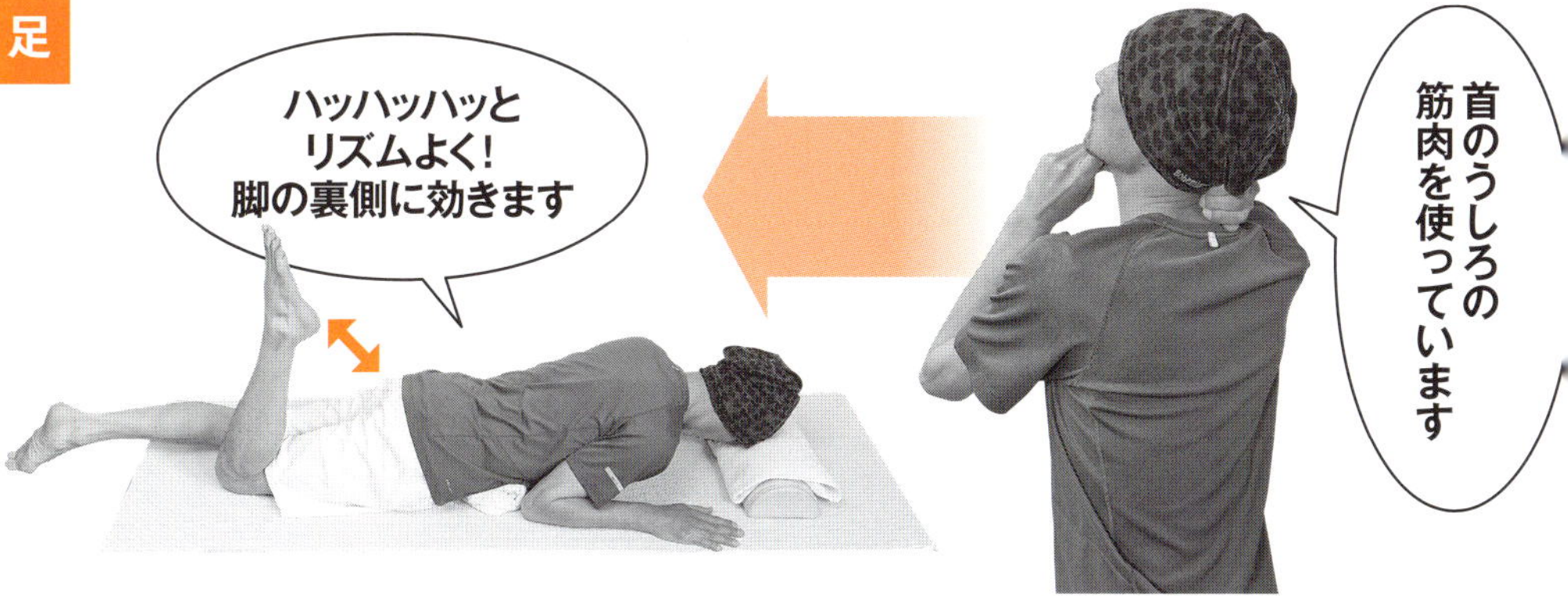
首のうしろの筋肉を使っています
ハッハッハッとリズムよく！脚の裏側に効きます

もっと飛ばしたい嶋田さんのBefore＆After

肩まわりの硬さがとれて軌道が安定。ミート率が上がった！

カラダの変化

胸椎のゆがみが改善。肩甲骨まわりの可動域が広がった

胸椎のゆがみが原因で肩甲挙筋（肩甲骨を上下させる筋肉）が緊張していた嶋田さん。首から頭が前に突き出ていた。

そこで、背骨、とくに胸椎を中心にコアトレをした結果、ゆがみが改善して肩甲骨まわりがよく動くようになった。

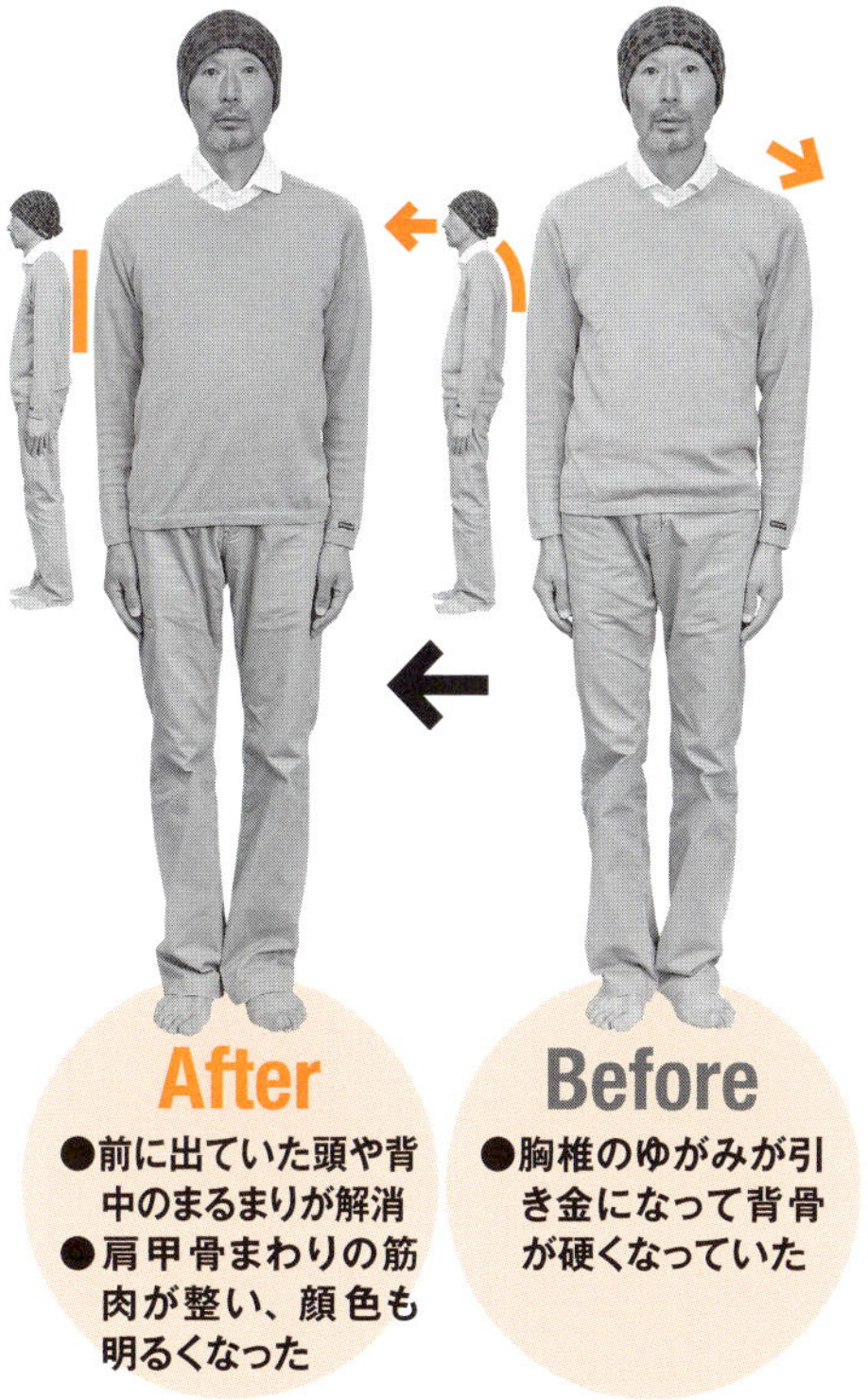
Before
●胸椎のゆがみが引き金になって背骨が硬くなっていた
After
●前に出ていた頭や背中のまるまりが解消
●肩甲骨まわりの筋肉が整い、顔色も明るくなった

Before

●アドレスが猫背でバックスイングで右ヒジが浮く
●トップでシャフトがクロスし、クラブが寝て下りてくる
●ヘッドの最下点がボールのだいぶ手前。飛距離ロスにつながっている

スイングの変化

ダフリの原因だった右ヒジの浮きが改善

バックスイングで右ヒジが浮いていましたが、コアトレにより肩まわりの硬さがなくなった結果、ヒジの浮きが解消。トップでシャフトがクロスする悪癖も改善してダフリやすいインパクトが解消。飛距離を伸ばすことに成功した。

Before

After

飛距離不足

スイングの動きは悪くありませんが、肩まわりが硬いせいか、バックスイングで右ヒジが浮きます。これが影響して、トップでシャフトがクロスし、クラブが寝て下りてくる。右ヒジが落ちればダフリが減って飛距離も伸びます。

After

●硬くて使えなかった肩甲骨まわりが使えるように
●右ヒジの浮きが解消してシャフトが立って下りてくるように
●ダフリ気味に入っていたヘッドが正確に入るようになった!

Before

After

これで直った！

鳥海さんのゆるゆるフィニッシュ一掃メニュー

タイプ5

飛ばしたい代表

鳥海 清さん（50歳）

ゴルフ歴20年
アベレージ85

1 基本のリセットコンディショニング

脚クルクルトントン（P.64）

↓

指わけ、足首グルグル（P.67）

↓

胸椎クルクル（P.54）

↓

腰椎トントン（P.57）

Before
ヘッド
スピード
383
556
推定
飛距離
228
After
405
568
234

2 アクティブコンディショニング

アブブレス（P.60）

首に力が入るときは
小さめの呼吸に
戻します
ハーーッ

もっと飛ばしたい鳥海さんのBefore＆After

呼吸が正しくできるようになったらヘッドが走った！

カラダの変化

呼吸の仕方を根本から改善 深い呼吸でコアが使えるように

息を吸ったときにおなかがへこんでしまうリバース呼吸が原因で、コアを使えていなかった鳥海さん。コアトレによって呼吸を正すと、背骨まわりの筋肉が使えるようになり、体幹がしっかり。顔やおなかまわりもスッキリした！

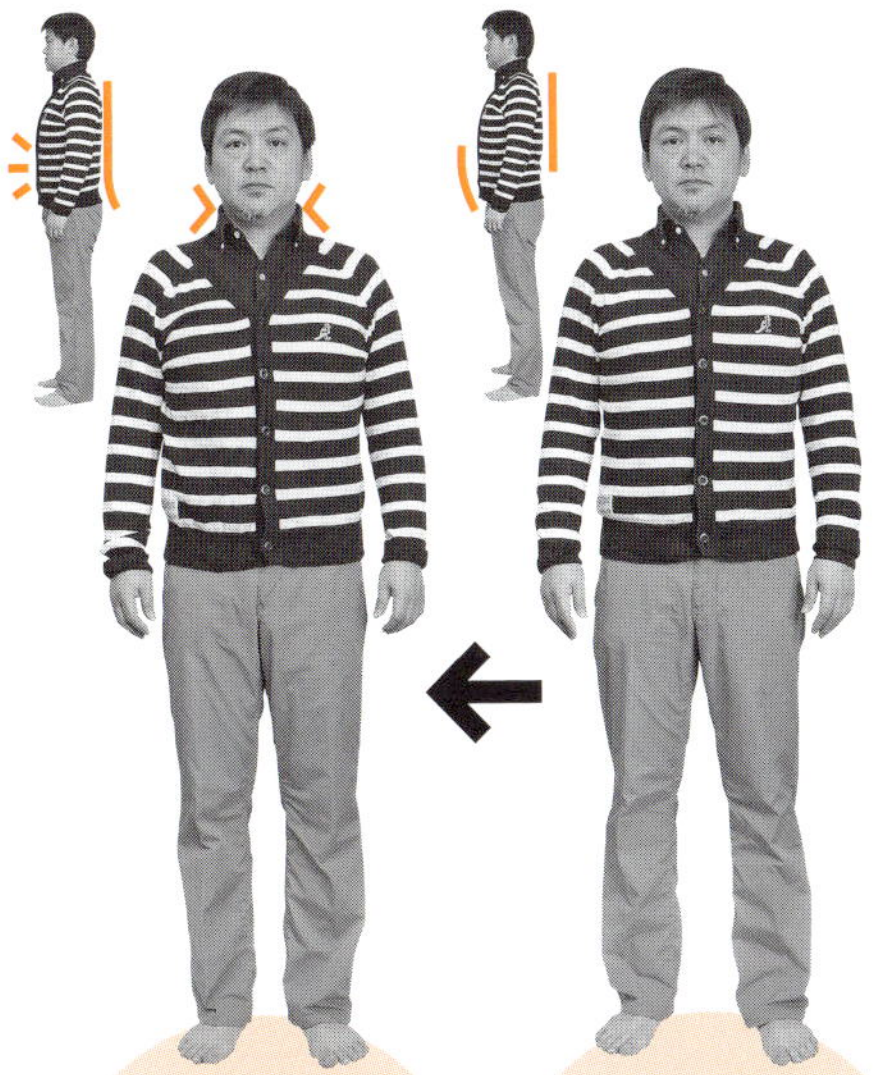

Before
- 呼吸の仕方がまちがっていて、コアを使えていなかった

After
- 背骨まわりの筋肉を使えるようになった
- 体幹がしっかりしておなかまわりもスッキリ

ストロングブレス

ハッハッハッハッハッハッ
息は吐ききらずに手で呼吸をサポートするイメージです！

Before

- コンパクトなトップだが、捻転が足りない
- 肩まわりが緊張、上半身がリキんで捻転が足りず、ヘッドが走らない
- インパクトで左サイドが伸び上がる

スイングの変化

捻転差のある、コンパクトで締まったスイングに

腹筋が使えずヘッド軌道が不安定。それをコンパクトなトップで補っていた鳥海さん。コアトレによりコアが使えるようになった。その結果、コンパクトでありながら、カラダがしっかり捻転してヘッドが走るスイングに大変身。ゆるゆるだったフィニッシュもしっかり決まっている。

Before

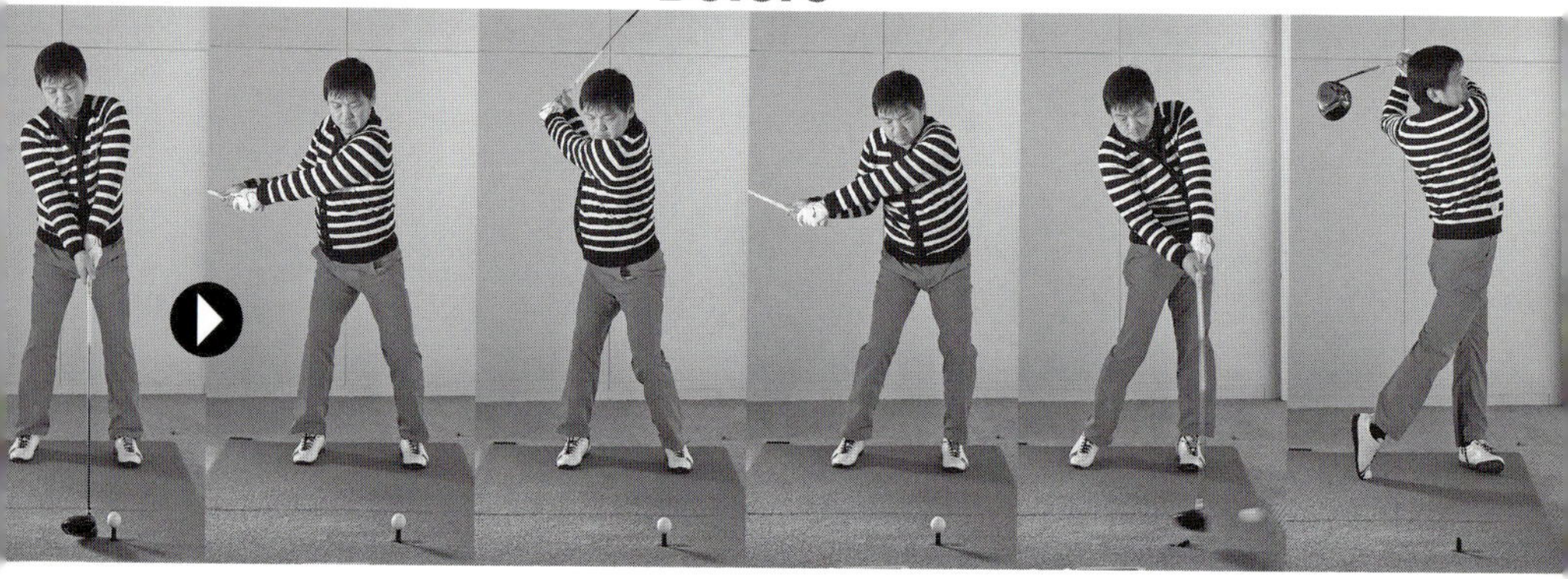

After

飛距離不足

トップが低いコンパクトなスイングですが、捻転差が足りないためにスピードが出ず、それが飛距離不足を導いています。腹筋をもっと使うことでこれは解消しますが、コアトレによる呼吸の改善の効果で、コアを使ったスイングになりました。

After

- コアが使えるようになったことで腰まわりが安定
- 捻転差を生かすスイングができるようになった
- スピードが出て、ハリのあるフィニッシュに変化

Before

After

女性によくある悩み

女性ゴルファーにとても多い悩みは、リキんでミスが出てしまうこと。その最大の要因は体幹を使えていないことにある。体幹を使えないため、パワーがボールに伝わらない、筋力不足をカバーしようと前腕や肩に力が入りすぎてスイングがブレる、というミスの連鎖が起きている。そこで、体幹を整えるコアトレを重点的に実施。コアが使えるようになり、リキまずにクラブをテンポよく振れるようになってパワーアップ。普段の姿勢も、とてもきれいになった。

これで直った！

田中さんのパワーアップ&スイング改造メニュー

タイプ7
女性代表
田中尚子さん（40歳）
ゴルフ歴10年
アベレージ80

1
基本のリセットコンディショニング

脚クルクルトントン（P.64）
↓
指わけ、足首グルグル（P.67）
↓
胸椎クルクル（P.54）
↓
腰椎トントン（P.56）

女性によくある悩み

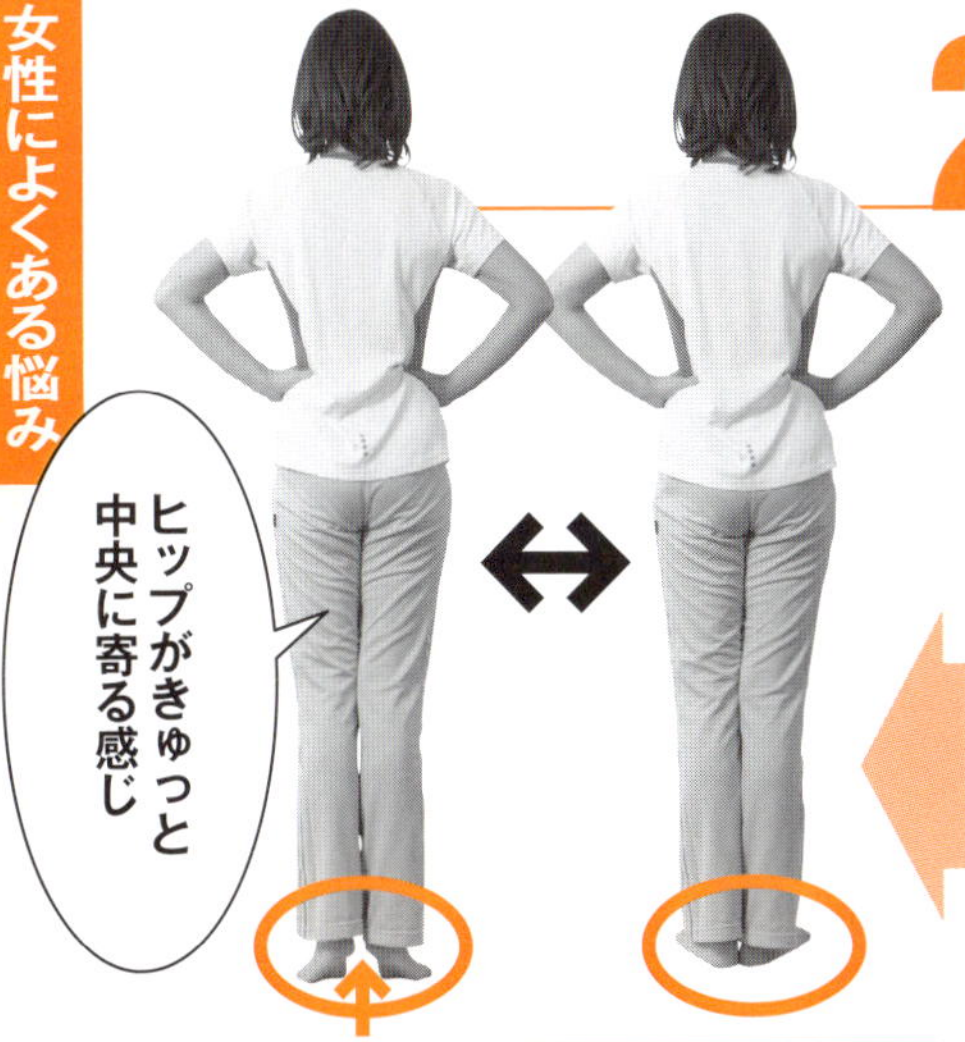
ヒップがきゅっと中央に寄る感じ

ストレートカーフレイズ（P.66）

2 アクティブコンディショニング

アブブレス（P.60）

体幹を鍛えるだけでなく、ウエストのサイズダウン効果も！
ハッハッハッ

パワーアップしたい田中さんのBefore & After

体幹ができて姿勢が安定 パワフルに振れるようになった！

カラダの変化

使えていなかった体幹の筋肉が復活！

女性に多い傾向で、右半身が右にかたより、体幹が弱いため、普通に立つと完全にカカト重心だった田中さん。

体幹をつくるコアトレ後はきちんと正しい重心で立てるようになり、体幹も安定。きれいなクビレもできた。

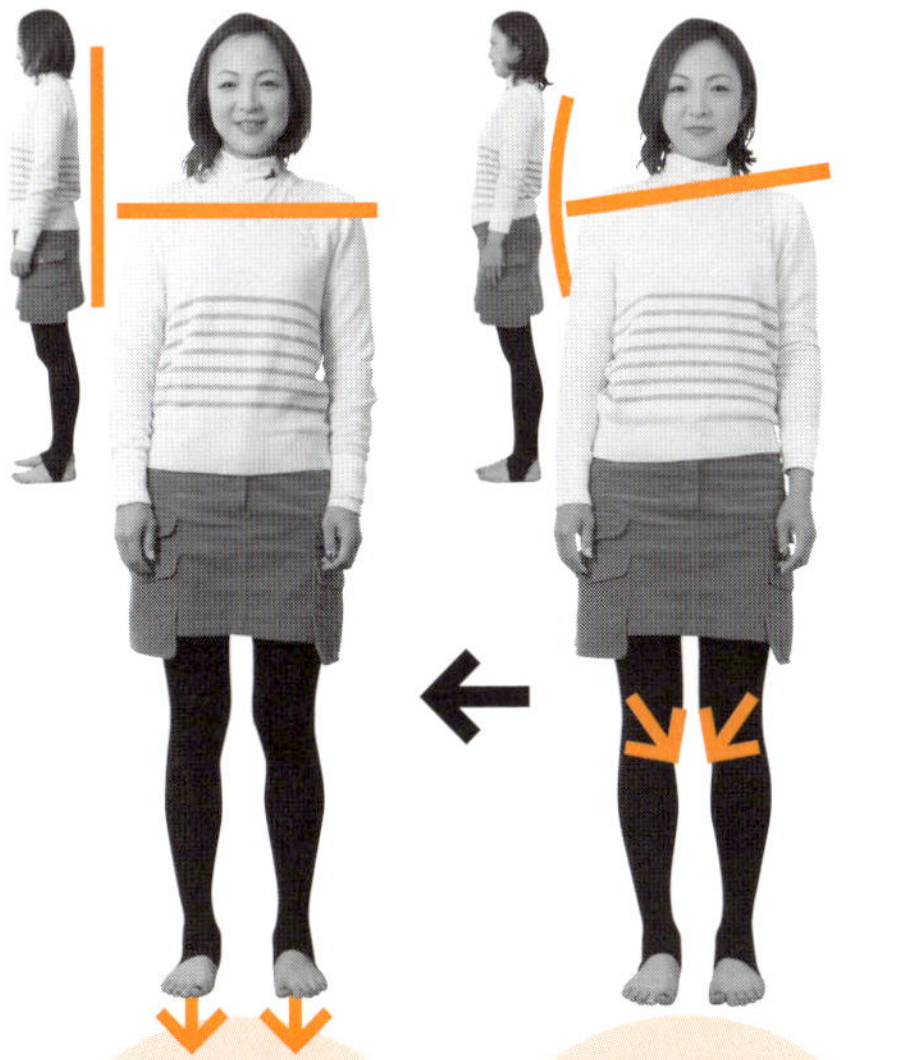

After

- 右へのかたよりが解消
- 体幹がしっかりして、背中が反らずにまっすぐ立てるようになった

Before

- 右にかたよりつつ重心はカカト寄り
- 足、ヒザが内向き

Before

- アドレスで右肩が前に出て、重心はカカト寄り
- 体幹が弱々しく、パワーが足りない
- スイングプレーンが安定せず、球筋がバラつく

スイングの変化

アドレスが劇的に改善、振りが変わった！

体幹が弱く、スイングが安定していなかった田中さん。アドレスで右肩が入りすぎてスライスが出るのも悩みのタネだった。体幹を中心にしたコアトレ後はこれが解消。アドレスが安定してスイング軸がしっかり。見違えるほどパワーアップした。

Before

After

スイングは全体的にいいですが、アドレスで右肩が前に出て重心がカカト寄りなことが不安定感を招いています。カラダのバランスが不安定だと、クラブもプレーンから外れやすい。体幹を中心としたコアトレで、見違えるほど解消しました。

After

- 上半身がまっすぐに立てるようになり、アドレスが安定
- 体幹ができて軸回転が可能に
- パワーをロスすることなく腰が安定。力強く振れるようになった！

Before

After

これで直った！

木曽さんのバランス向上＆スイング改造メニュー

タイプ8

女性代表

木曽朋絵さん（40歳）

ゴルフ歴20年

アベレージ90

1 基本のリセットコンディショニング

脚クルクルトントン（P.64）

↓

指わけ、足首グルグル（P.67）

↓

胸椎クルクル（P.54）

↓

腰椎トントン（P.56）

2 アクティブコンディショニング

コアトレ　バランス

①ボディコンディショニングポールなどがあれば、その上にあお向けに寝る②首の下にタオルを入れて両足を閉じ、ヒザ・くるぶしをしっかりつける③胸の前で手を合わせ、息を吐きながら片ヒジを床につけて戻す④カラダをまっすぐ保ったまま、交互にくり返す

女性によくある悩み

いつも同じスイングで飛ばしたい 木曽さんのBefore＆After

体幹を目覚めさせることに成功。力強く振れた！

カラダの変化

うまく使えていなかった体幹を目覚めさせることで正しい姿勢に

体幹が使えず、カラダの各パーツの正しいポジションを意識できていなかった木曽さん。無意識に右を見てバランスをとるクセもあった。背骨や呼吸などカラダの中心を意識できるコアトレで、コアを感じられる立ち姿勢に。

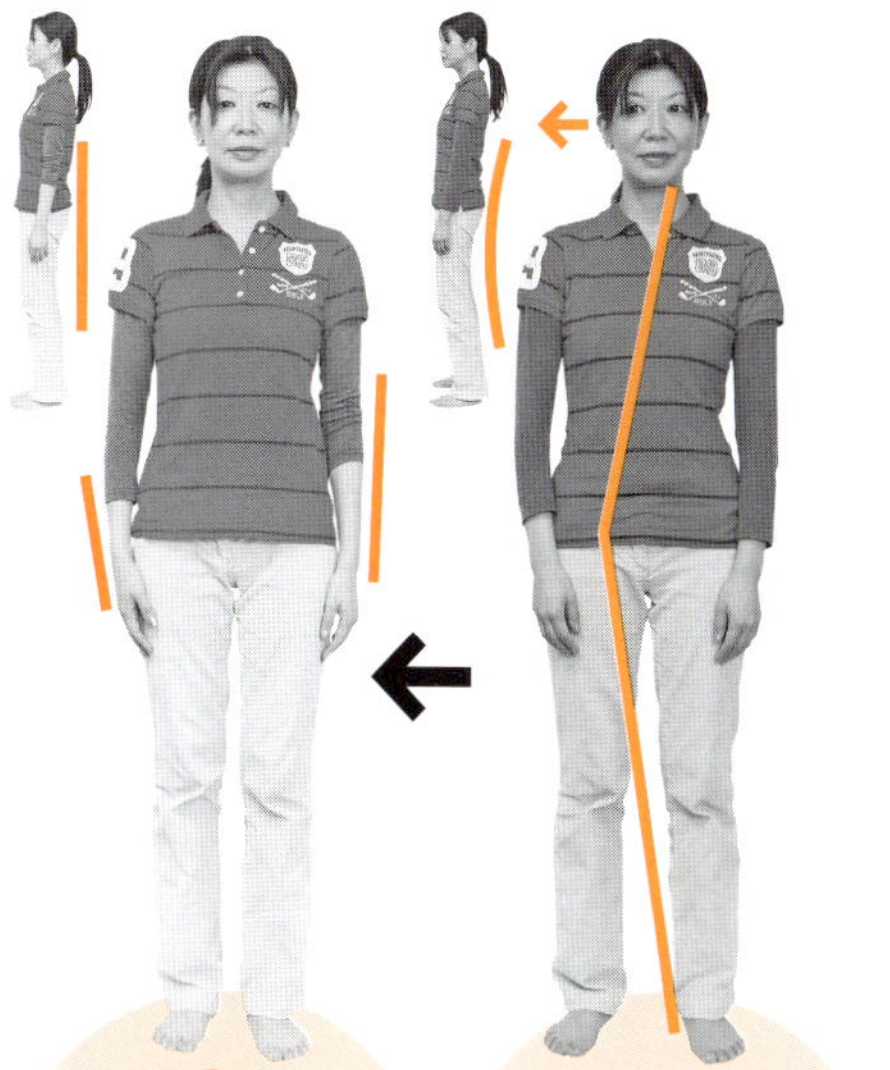

Before
- 左肩が下がり、カラダがくの字に傾いていた
- 体幹が使えずおなかを突き出して立ち、安定感がなかった

After
- 体幹がしっかりしてすらりと美しい姿勢に
- カラダの傾きも改善した

ストレートカーフレイズ（P.66）

Before

- アドレスで右肩が前に出て、下半身で振り上げている
- 下半身が流れてダウンでカラダが開く
- ヘッドが走らず、インパクトが安定しない

スイングの変化

飛ばそうとリキんでいたが､体幹を使える安定感のあるスイングに

下半身でクラブを振り上げ、上半身で振り下ろすリキみのあるスイングだったが、コアトレで体幹を使えるようになると、アドレスのゆがみが改善。余計なリキみがとれてパワーを生かせるスイングになり、飛距離アップにも成功した。

Before

After

女性によくある悩み

力がないせいか、下半身でクラブを振り上げ、上半身で振り下ろすスイング。飛距離不足、スライスにつながります。体幹を整えることでアドレスのゆがみ(右肩が出ていた)がなくなり、パワーアップ！　ボールのつかまりがよくなりました。

After

- 体幹が整ったことで姿勢が正しくなり、アドレスが改善
- インパクトでカラダが流れなくなり、ボールがつかまるようになった

Before

After

筋肉の過緊張による信号④

ヒジ痛

ゴルフは手に持ったクラブをコントロールします。手首を使ってコントロールすることもあり、それが意外に大きな負荷となって手首、ヒジに負担をかけます。

ヒジが痛くなるときの状態を観察すると、ヒジが曲がったり、ヒジから下が内旋（内側に回る）して腕をぶら下げたときに手の甲が前に向いていることが多いようです。日常生活でもヒジ曲り、内旋状態で作業することが多く、パソコン業務などはまさにそれです。手首の動きが悪いと、この状態はさらに助長されます。

ヒジ痛は、最初はヒジから下にハリを感じる程度ですが、ある日突然、ヒジの横側に痛みがあらわれます。ヒジから下の筋肉は疲れにくい筋肉の代表ですが、それだけに、ここが傷むと治るまで長くかかることが多いのです。何をしてもヒジが痛い……たとえば鞄を持つだけでも痛くなり、当然ゴルフどころではなくなります。

意外に気づきませんが、日常生活でヒジを伸ばすことが少ないので、普段からヒジを伸ばしたり、ヒジから下を外回しに動かすことを意識して行うことをおすすめします。

ヒジ痛予防のコンディショニング

リセット　**手首ブラブラ（P.77）**

アクティブ　**ヒジプッシュ（P.77）、エルボーエクステンション（P.124）**

筋肉の過緊張による信号⑤

肩コリ・首コリ

　肩コリ（正式には頸肩腕症候群・けいけんわんしょうこうぐん）は、日本人に一番多い運動器の不調です。日本人は骨格的に肩コリになりやすいのです。肩のハリがおもな症状ですが、だるさや重さ、ひどいときにはしびれなどの症状を伴い、肩の可動制限がでます。肩まわりは筋肉依存型の関節で、筋肉の影響が出やすい場所なのです。首、肩、腕の筋肉の使い方のクセによって筋肉がアンバランスになることで肩まわりに不調が生じます。

　肩コリの原因はさまざまです。先にあげた筋肉のバランスで姿勢が悪くなるほか、眼の使いすぎ、ストレス、運動不足や運動のしすぎ、肥満や栄養不足などがあげられます。

　コンディショニング的に解説すると、どんな原因であっても、筋肉がきちんと働いていないことが痛みの根本原因です。同じ姿勢を続けたときに起こる血行不良、筋肉を使いすぎて老廃物が溜まっているとき、頭の位置が悪い姿勢、目の使いすぎ、姿勢が崩れているなどいずれのケースでも、改善方法は肩まわりの筋肉の弾力を取り戻し、血行を促進し、骨格を元々ある状態に戻し、働いていない筋肉を動かすことです。

　腕はつねに動かす筋肉です。日々の使い方いかんで痛みにつながることが多いので、普段から注意して改善に取り組みましょう。

肩コリ・首コリ予防のコンディショニング

リセット　肩ブラブラ（P.70）、前屈肩ブラブラ（P.70）

アクティブ　ネックエクステンション（P.63）、エルボーアダクション（P.71）

おわりに

ゴルフを職業とするようになってから30年近くの月日が経ちます。その間「人はどうすればヘッドスピードが上がり、安定したショットが打てるようになるのか」を日々考え、ゴルフのパフォーマンスを上げるための筋力トレーニング、ストレッチを多くの方に相談したり、本を読んだりしながら研究してきました。

しかし自分に関しては、年齢を重ねるにしたがってヘッドスピードは落ちる一方。40歳を超えてからは、思い切り振っても44〜45m／秒くらいしか出ないので、トレーニングに関しては半ばあきらめモードでした。

そんな２０１４年の１月、有吉与志恵先生とのコラボ企画がゴルフ月刊誌『ワッグル』でスタート。最初にトレーニングに対しての私の持論をお話しすると、「そんな辛いト

有吉与志恵（ありよし・よしえ）

「有吉与志恵メソッド」開発者。コンディショニングトレーナー。2009年に一般社団法人日本コンディショニング協会（NCA）を設立し、現在会長を務める。運動指導者として30年以上のキャリアを生かし、体調と体形を劇的に改善するメソッドを確立。高齢者から現役アスリートまで幅広い層へ、また多くのスポーツジャンルを対象にセルフコンディショニング指導を行っている。学校や企業向けの講演・講座、指導者育成にも情熱を注ぐ。トレーナーが指導するコンディショニング直営店を都内5カ所にプロデュース。
http://ariyoshiyoshie.com/

レーニングなんてしなくていいのよ、ブラブラさせとけば」「ブラブラ…？　ですか…？」って感じの初対面でした（笑）

　ところが、有吉先生が考案したリセットコンディショニング。やりはじめてからはヘッドスピードが徐々に上がり、3カ月過ぎたころには47〜48m／秒まで復活。自分が思った動きもドンドンつくれるようになってきたのです。

　あぁ、せめて20年前にリセットコンディショニングとアクティブコンディショニングに出会っていれば……。なんて、いまでは思ったりもしています。

　最後にワッグル編集部のみなさま、有吉先生の事務所のみなさま、この本を編集するにあたり携わっていただいたすべてのみなさまに感謝いたします。ありがとうございました。

2016年6月
プロゴルファー　濱田　塁

濱田 塁（はまだ・るい）

プロゴルファー。日大桜丘高校（ゴルフ部在籍）を卒業後、マイアミ大学にゴルフ留学。アメリカの最新理論を学び、帰国後はツアープロを目指す。その後レッスン活動に転身し、現在は個人レッスンのほか、スポーツオーソリティMARK ISみなとみらい店（神奈川県）のプロアスリートスタッフとしても活躍中。1968年生まれ。

テーマや弱点別にやるべき
トレーニングがひと目でわかる

「コアトレゴルフカード」

**本書から切り取り、壁などに
貼ってご使用ください！**

著者　有吉与志恵、濱田 塁
装丁・本文デザイン　オオノデザイン
DTP　加藤一来
編集協力　滝田真理
写真　小林 司、相田克己、中野義昌
イラスト　久我修一
協力　ハースコーポレーション、オークリージャパン、相武カントリー倶楽部、千歳ゴルフセンター

※本書はゴルフ月刊誌『ワッグル』（実業之日本社刊）に連載された記事「筋肉が変わる。ゴルフが変わる。コアトレゴルフ」を加筆、修正し、新たに編集したものです。

スイングが劇的に変わる!　コアトレゴルフ

2016年7月7日　初版第1刷発行

著　者　有吉与志恵、濱田　塁
発行者　岩野裕一
発行所　株式会社実業之日本社
〒153-0044 東京都目黒区大橋1－5－1
クロスエアタワー8階
【編集部】03-6809-0485【販売部】03-6809-0495
ホームページ　http://www.j-n.co.jp

印刷所　大日本印刷株式会社
製本所　株式会社ブックアート

ISBN978-4-408-33013-6

毎日やる基本コアトレ

1 足首グルグル→P.67

リセット

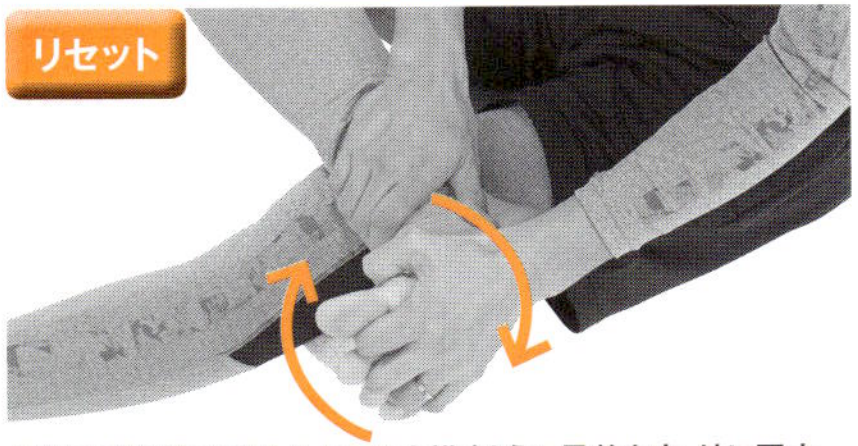

足指の間に手の指を入れ、円を描くように足首を内・外に回す

2 脚クルクルトントン→P.64

リセット

床にすわり片脚を前に投げ出す。太ももあたりを両手で持ち、脚を左右に回す（クルクル）。次にトントンと打ちつけるようにヒザを伸ばす（トントン）

3 胸椎・腰椎 クルクルトントン→P.54〜56

リセット

あおむけに寝て両手を交互に上げる（胸椎クルクルトントン）。次に両ヒザをそろえたまま左右に少し振る（腰椎クルクル）。最後に両脚を上げ、両ヒザを胸に向かって引き寄せる（腰椎トントン）

4 アブブレス・ストロングブレス→P.60

アクティブ

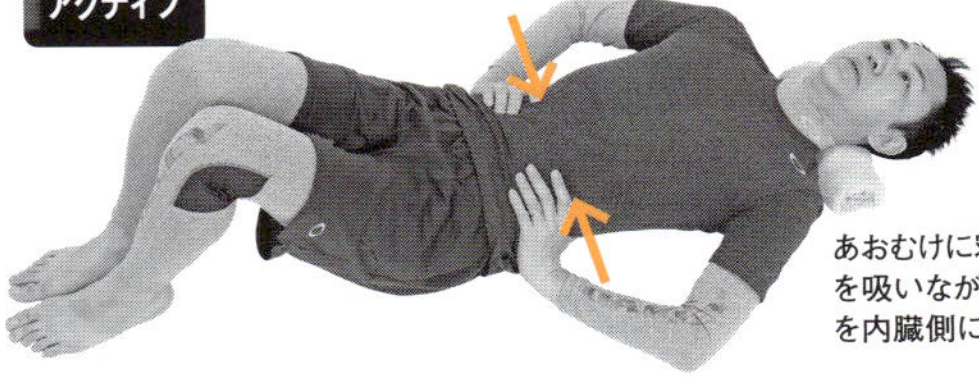

あおむけに寝て脚を閉じ、両手でウエストを挟む。息を吸いながらおなかを横にふくらませ、手でウエストを内臓側に縮めていくイメージでゆっくり息を吐く

5 フェイスダウンブレス→P.61

アクティブ

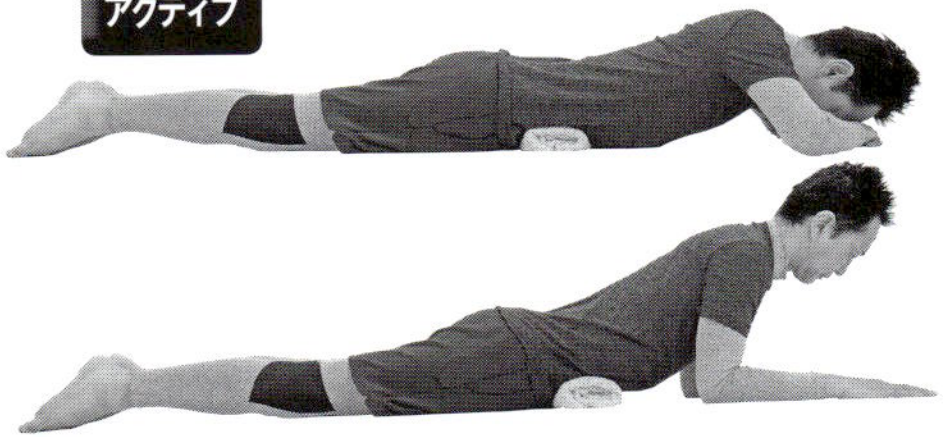

うつぶせに寝て、息を吸いながらおなかをふくらませ、息を吐きながらおなかをへこませる。次にヒジをついて上体を持ち上げ、同じように呼吸をする

6 レッグカール→P.65

アクティブ

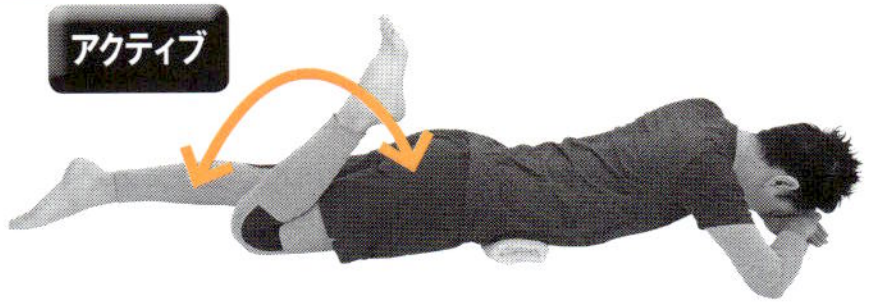

うつぶせに寝て、息を吐きながら片方の脚のカカトをおしりにつけるように引き寄せる。左右交互に繰り返す

スライス＆フックを克服

1 胸椎・腰椎 クルクルトントン→P.54~56

リセット

あおむけに寝て両手を交互に上げる（胸椎クルクルトントン）。次に両ヒザをそろえたまま左右に少し振る（腰椎クルクル）。最後に両脚を上げ、両ヒザを胸に向かって引き寄せる（腰椎トントン）

2 頸椎クルクルトントン→P.78

リセット

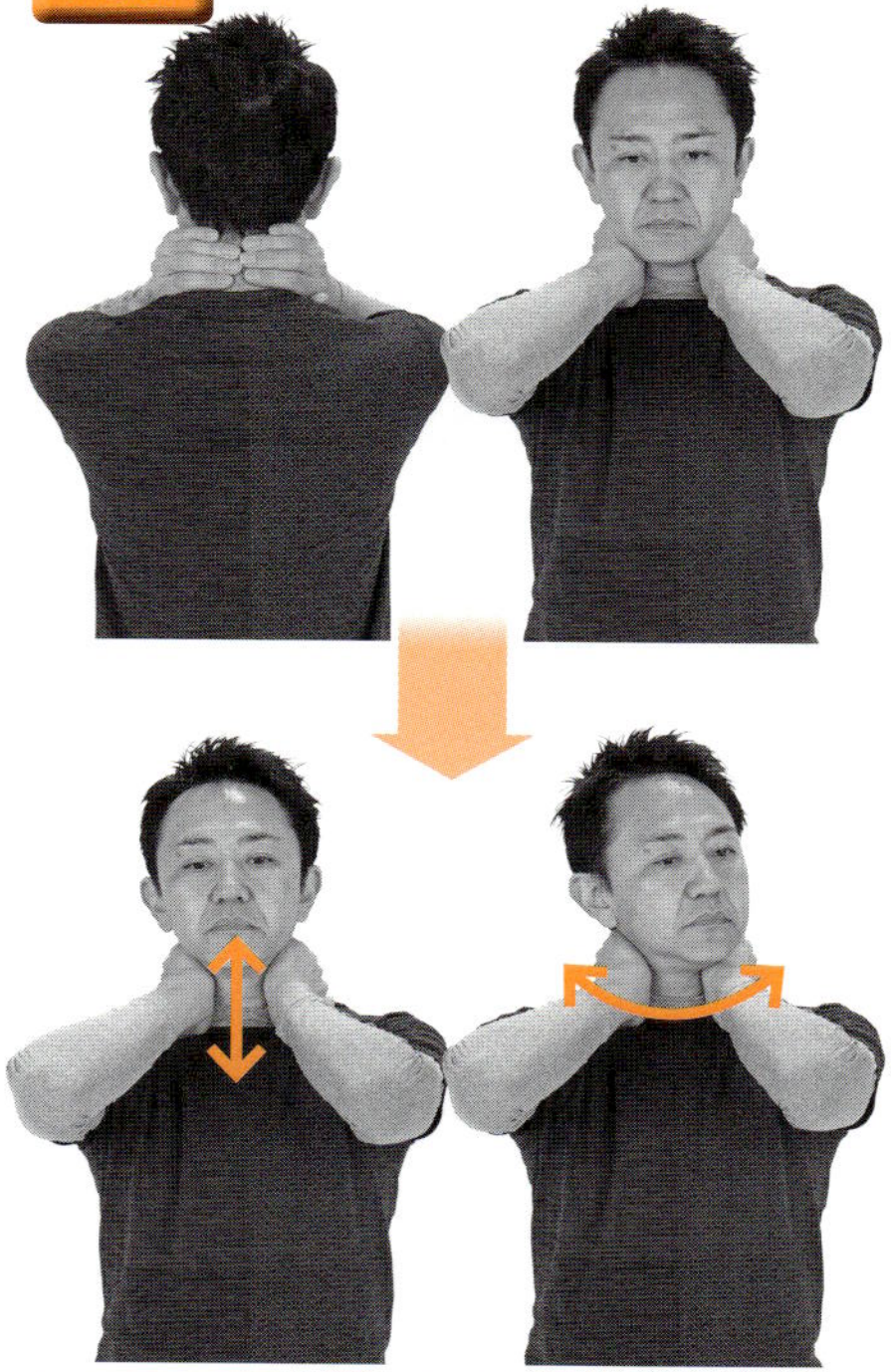

首を両手で包み、指を首のポコッと出ている骨にあてる。「いやいや」をするように頭を左右に小さく動かし、次に「うなずく」ように上下に小さく動かす

3 スパイナルローテーション→P.63

アクティブ

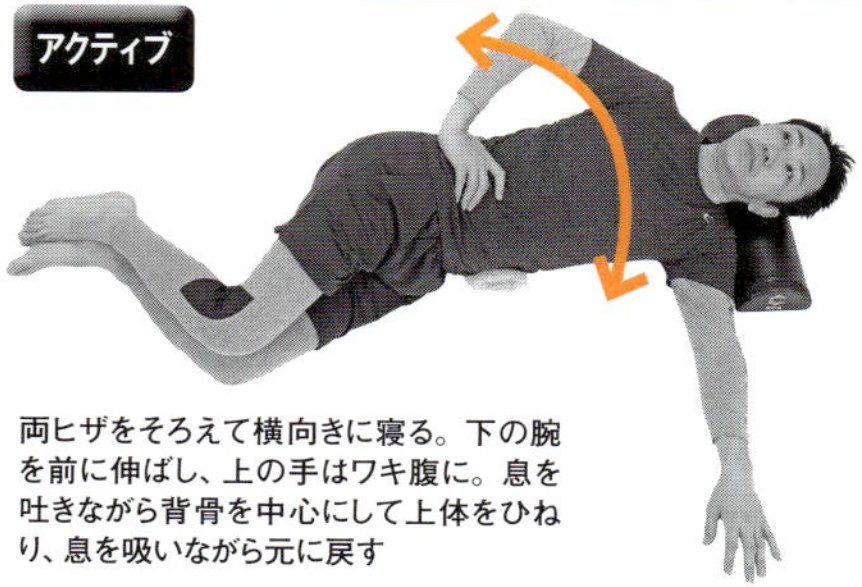

両ヒザをそろえて横向きに寝る。下の腕を前に伸ばし、上の手はワキ腹に。息を吐きながら背骨を中心にして上体をひねり、息を吸いながら元に戻す

4 サイドベンド→P.61

アクティブ

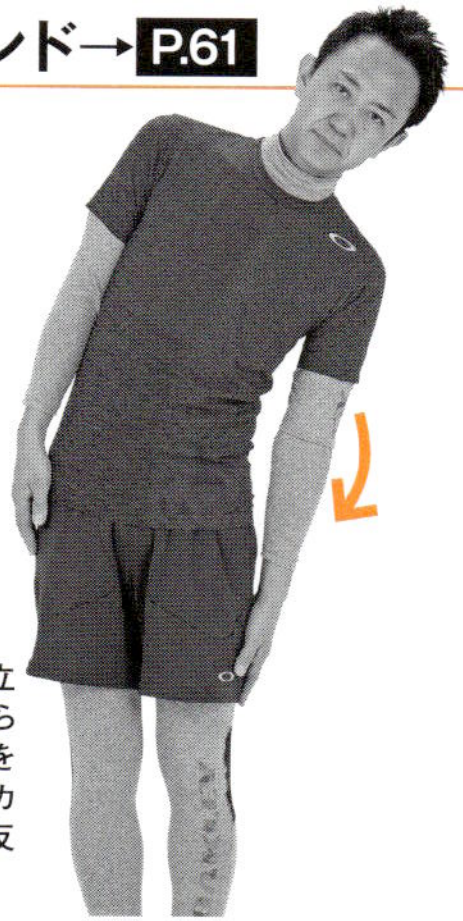

手を体側につけて立つ。息を吐きながら左手で左の太ももを上下にさすりながらカラダを左に倒す。反対側も同様に

飛距離アップを目指す

1 胸椎・腰椎クルクルトントン→P.54~56

リセット

あおむけに寝て両手を交互に上げる（胸椎クルクルトントン）。次に両ヒザをそろえたまま左右に少し振る（腰椎クルクル）。最後に両脚を上げ、両ヒザを胸に向かって引き寄せる（腰椎トントン）

2 頸椎クルクルトントン→P.78

リセット

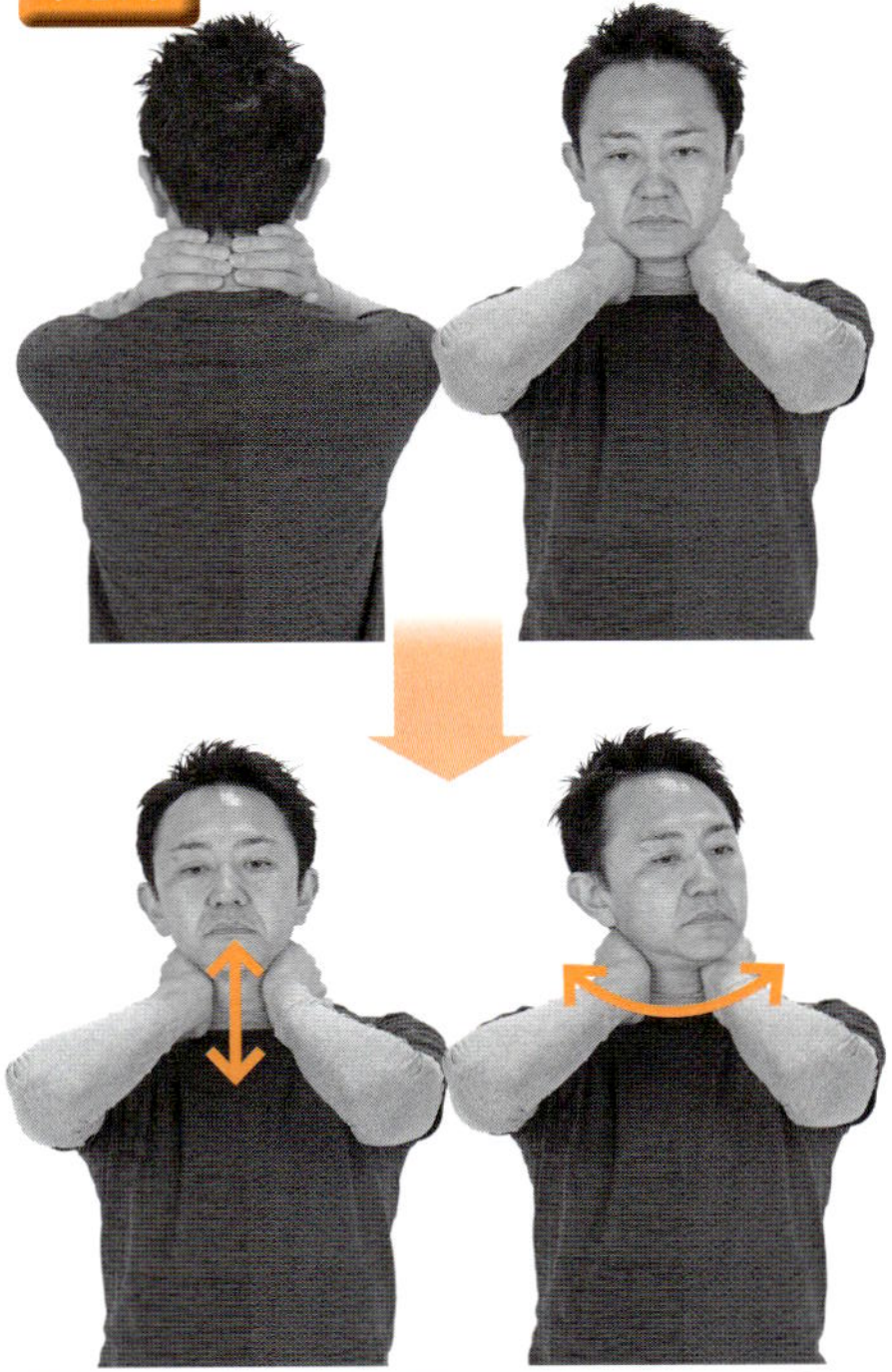

首を両手で包み、指を首のポコッと出ている骨にあてる。「いやいや」をするように頭を左右に小さく動かし、次に「うなずく」ように上下に小さく動かす

3 フェイスダウンブレス→P.61

アクティブ

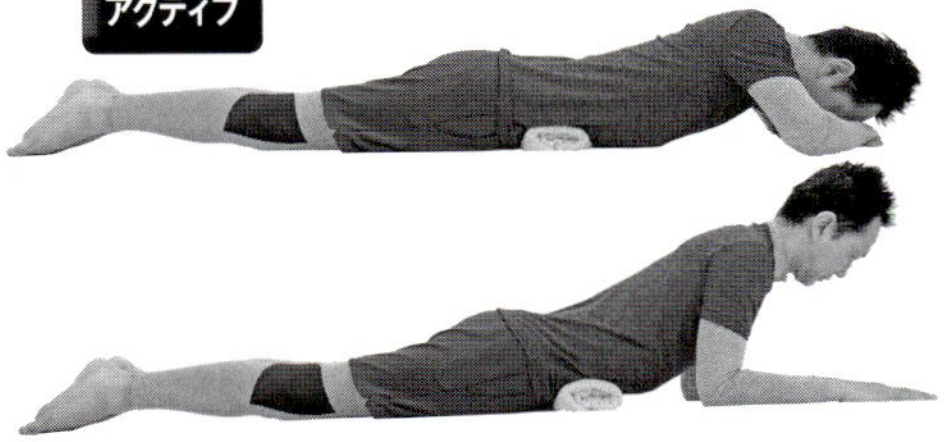

うつぶせに寝て、息を吸いながらおなかをふくらませ、息を吐きながらおなかをへこませる。次にヒジをついて上体を持ち上げ、同じように呼吸をする

4 ネックエクステンション→P.63

アクティブ

首のうしろを片手の指で圧え、もう一方の手をアゴにあてる。息を吐きながらアゴをしっかりと上げ元に戻す

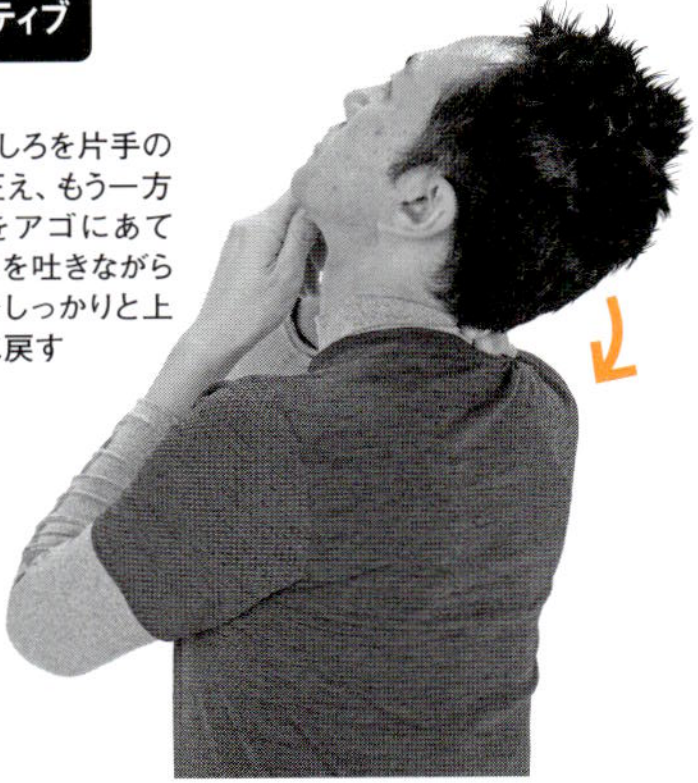

ショートゲームがうまくなる

1 胸椎クルクル（立って）→P.58

リセット

前かがみになり、両腕を自然に垂らす。肩甲骨で動かすイメージで、両腕を上下させる

2 肩ブラブラ→P.70

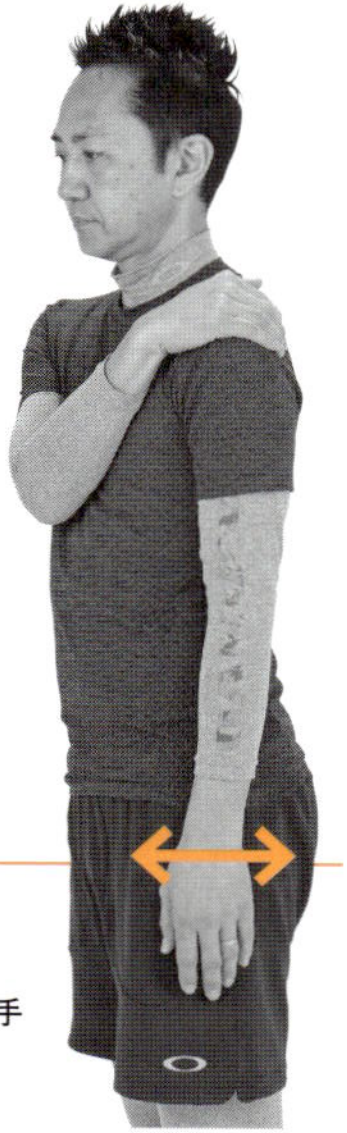

リセット

片手で反対側の肩を圧える。垂らした手から力を抜き、前後にブラブラさせる

3 手首ブラブラ→P.77

リセット

片方の手でもう一方の手首を持ち、力を抜いてブラブラ動かす

4 ヒジプッシュ→P.77

アクティブ

片方の手でもう一方のヒジの内側を圧え、腕を伸ばしてヒジを中心に親指側に回す

5 エルボーアダクション→P.71

アクティブ

両手をおしりに置き、肩甲骨を背骨に寄せるようにして、息を吐きながら両ヒジをゆっくり小さく内・外へ動かす

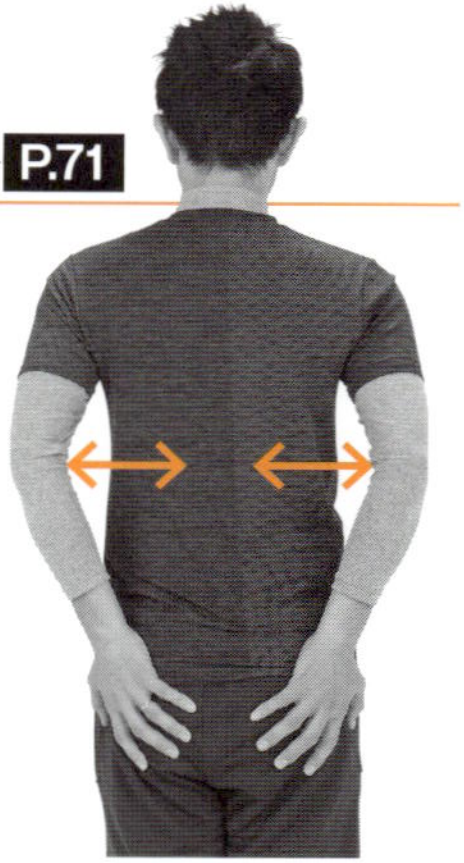

6 エルボーエクステンション

アクティブ

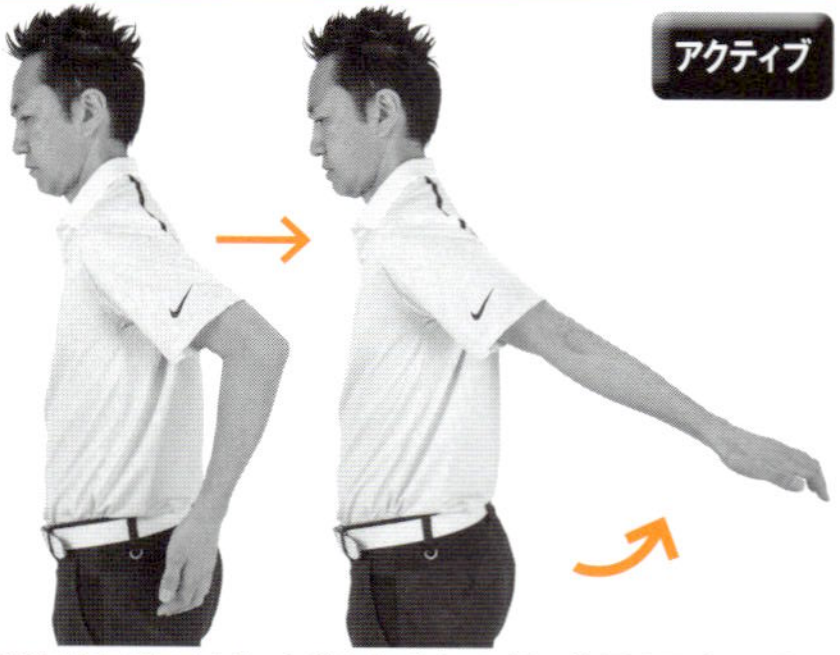

両腕をうしろにまわし、ヒジを曲げる。ヒジの位置を固定し、息を吐きながらヒジを伸ばす。この動きをくり返す

ラウンド前日・前夜

1 足首グルグル→P.67

リセット

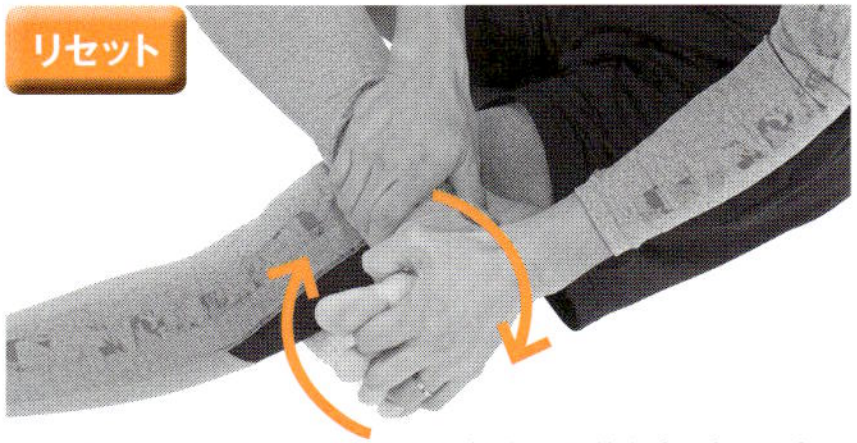

足指の間に手の指を入れ、円を描くように足首を内・外に回す

2 脚クルクルトントン→P.64

リセット

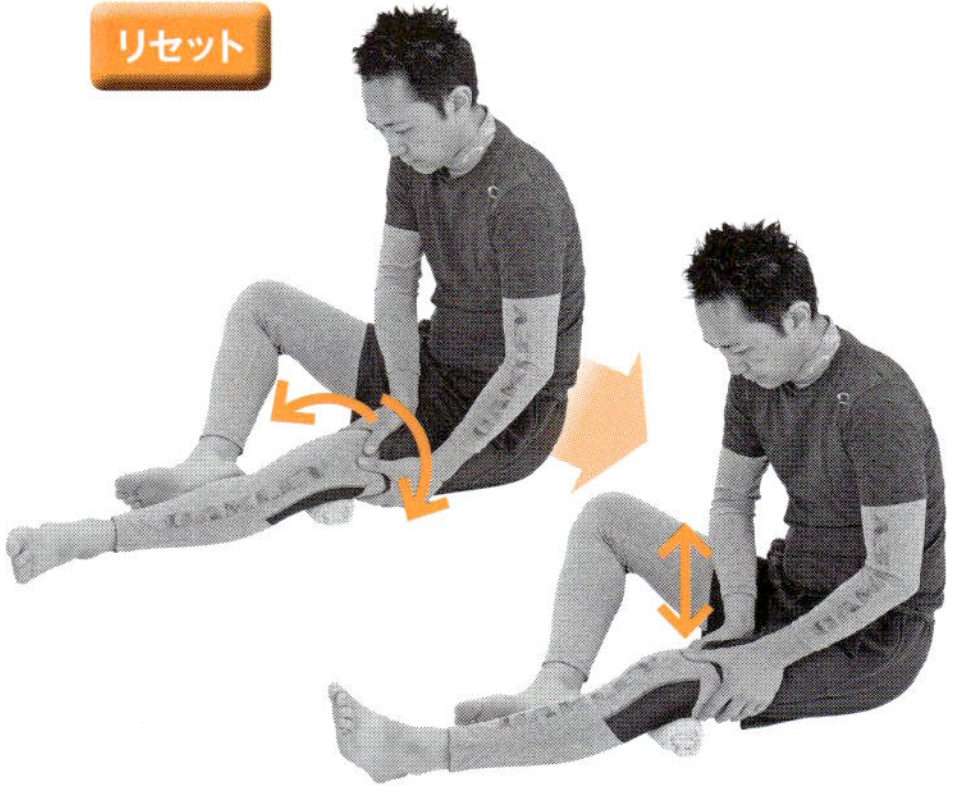

床にすわり片脚を前に投げ出す。太ももあたりを両手で持ち、脚を左右に回す（クルクル）。次にトントンと打ちつけるようにヒザを伸ばす（トントン）

3 胸椎・腰椎 クルクルトントン→P.54~56

リセット

あおむけに寝て両手を交互に上げる（胸椎クルクルトントン）。次に両ヒザをそろえたまま左右に少し振る（腰椎クルクル）。最後に両脚を上げ、両ヒザを胸に向かって引き寄せる（腰椎トントン）

5 フェイスダウンブレス→P.61

アクティブ

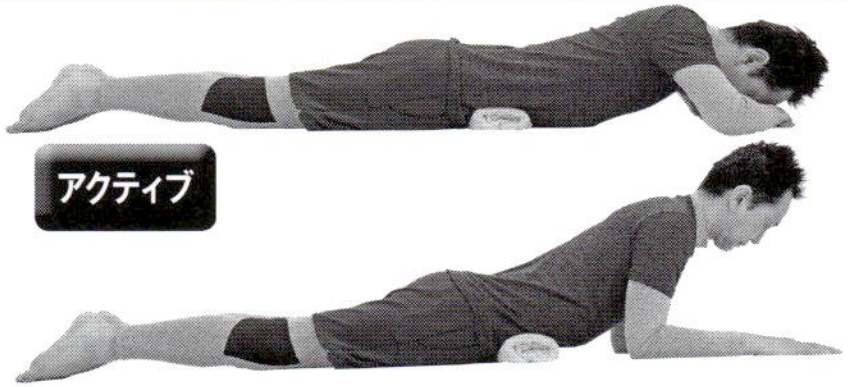

うつぶせに寝て、息を吸いながらおなかをふくらませ、息を吐きながらおなかをへこませる。次にヒジをついて上体を持ち上げ、同じように呼吸をする

5 レッグカール→P.65

アクティブ

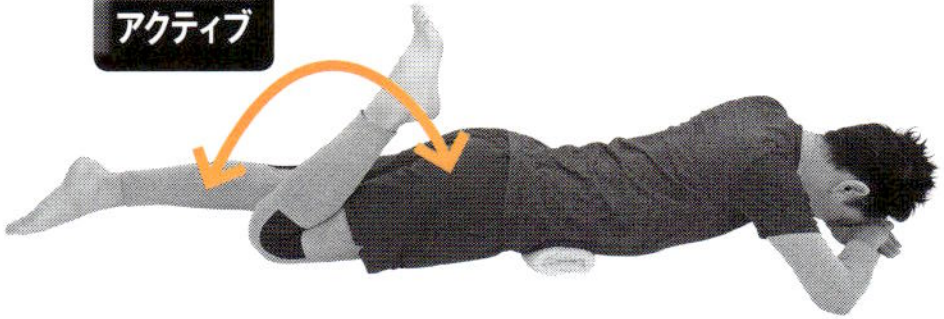

うつぶせに寝て、息を吐きながら片方の脚のカカトをおしりにつけるように引き寄せる。左右交互に繰り返す

6 サムライシット→P.68

アクティブ

ツマ先立ちですわる。バランスをとりながらカカトを中心に上体を左右に動かす

※このほか自分に必要なコンディショニングをやろう

ラウンド中① カラダの回転が浅い

1 胸椎クルクル（立って）→P.58

リセット

前かがみになり、両腕を自然に垂らす。肩甲骨で動かすイメージで、両腕を上下させる

2 鎖骨プッシュ→P.58

リセット

鎖骨のくぼみに指を圧しあて、首をラクにして左右に倒す

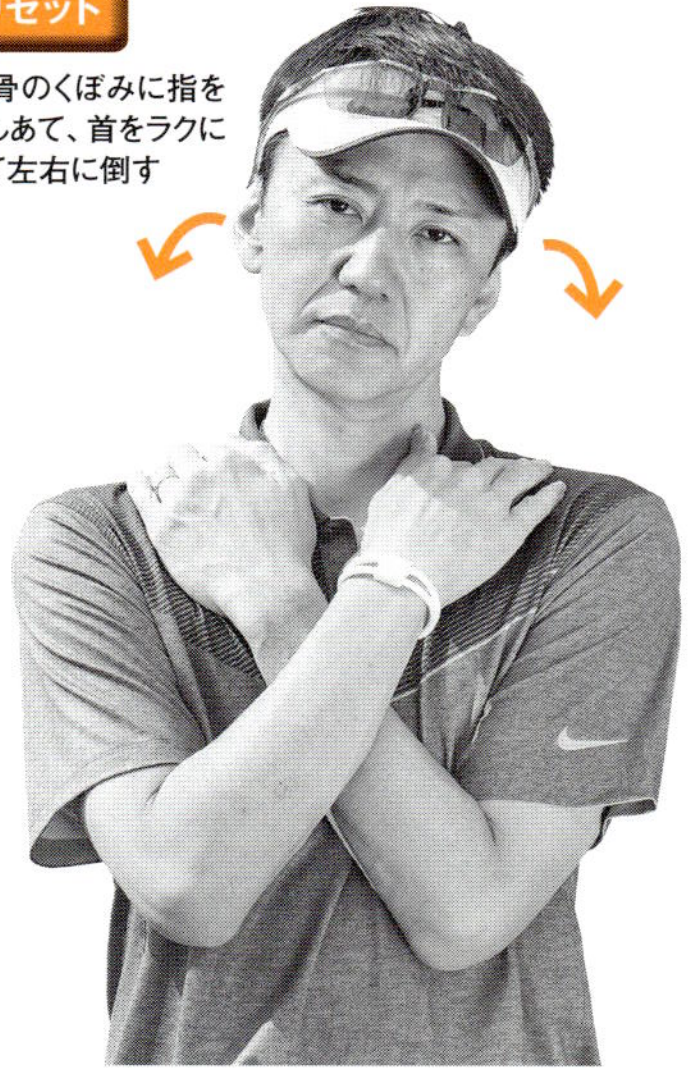

3 スタンディングツイスト→P.62

アクティブ

両腕を胸の高さに上げ、手のひらをカラダの中心で合わせる。背骨を中心に手を左右にスイングする

4 クロスウォーク→P.80

アクティブ

クラブを背中にあて、一方のカカトをもう一方の脚にクロスさせるように歩く

ラウンド中② 上半身のリキみをとる

1 肩ブラブラ→P.70

リセット

片手で反対側の肩を圧える。垂らした手から力を抜き、前後にブラブラさせる

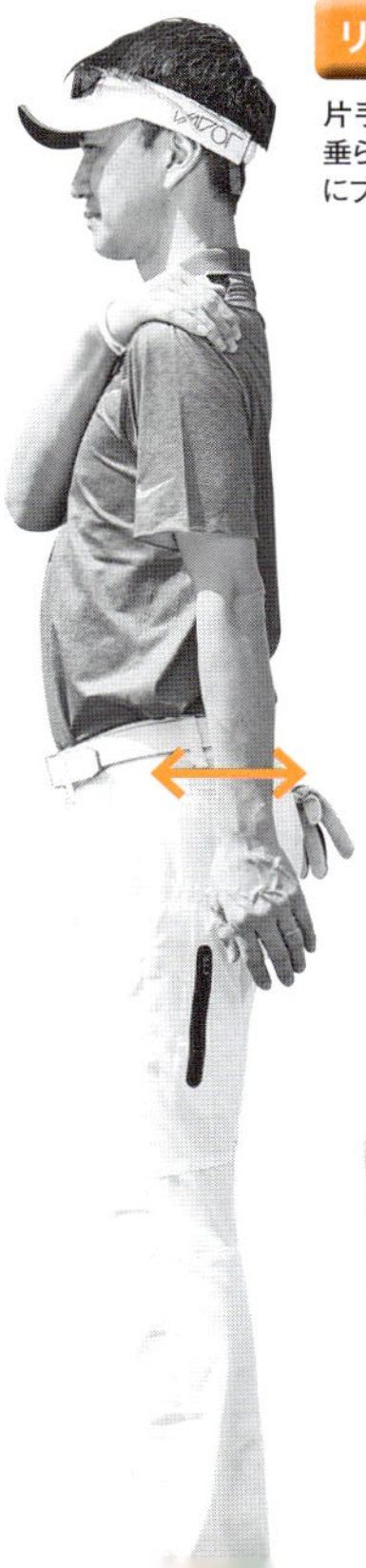

2 鎖骨プッシュ→P.58

リセット

鎖骨のくぼみに指を圧しあて、首をラクにして左右に倒す

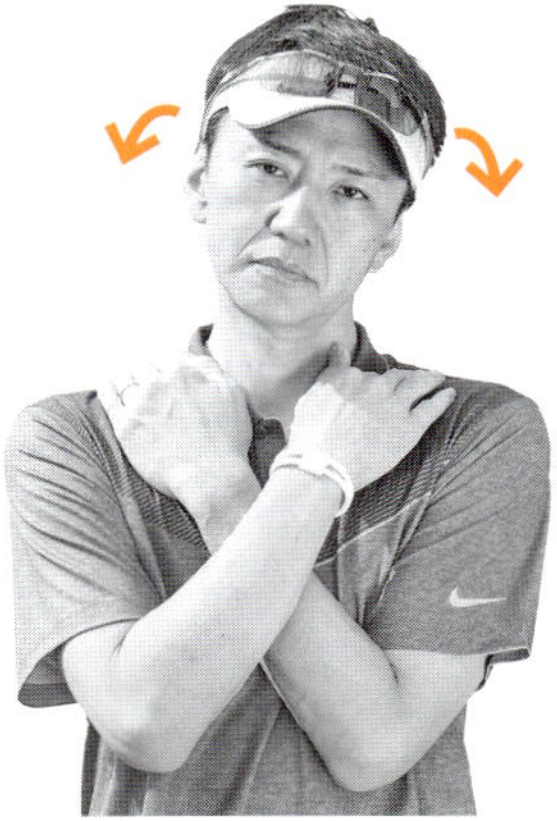

3 手首ブラブラ→P.77

リセット

片方の手でもう一方の手首を持ち、力を抜いてブラブラ動かす

4 腹直筋アクティブ→P.80

アクティブ

クラブをおへそのあたりに置き、上半身を倒す。息を吐きながら腹直筋（おなかの中心部）を縮めるイメージで

5 ネック エクステンション→P.63

アクティブ

首のうしろを片手の指で圧え、息を吐きながらアゴをしっかりと上げる。もう一方の手でアゴを押してもOK

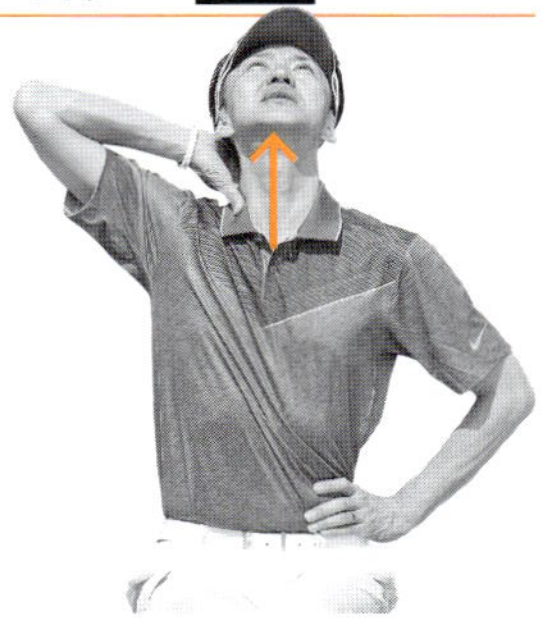

6 エクスターナル ローテーション→P.80

アクティブ

ワキを締めて手のひらを上向きに。息を吐きながらヒジから先を開いたり閉じたりする

ラウンド中③ 下半身の動きをよくする、疲れてきたら…

1 前脚クルクル→P.77

リセット

前に出した脚のカカトを支点にツマ先を内・外と交互に動かす

2 後脚クルクル→P.77

リセット

うしろに出した脚のツマ先を支点にカカトを内・外と交互に動かす。カカトは浮かさない

3 レッグカール→P.65

アクティブ

カカトがおしりにつくように左右交互に上げてリズムよく歩く。ハッと息を吐いてカカトを上げる

壁を使ってやってもOK

4 ヒップシェイク→P.77

アクティブ

息を吐きながらおなかをへこませ、腰を持ち上げるイメージでカカトを左右交互に上下に動かす

5 ダウンウォーク→P.79

アクティブ

段差を使って足先だけで立つ。ツマ先を支点に左右の足を上下する

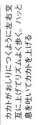